이기는
독 서,
탈Book

이기는 독서, 탈Book

초판 1쇄 인쇄 | 2025년 02월 05일
초판 1쇄 발행 | 2025년 02월 15일

지은이 | 박상배
펴낸이 | 최화숙
편집인 | 유창언
펴낸곳 | 이코노믹북스

등록번호 | 제1994-000059호
출판등록 | 1994. 06. 09

주소 | 서울시 마포구 성미산로2길 33(서교동), 202호
전화 | 02)335-7353~4
팩스 | 02)325-4305
이메일 | pub95@hanmail.net | pub95@naver.com

ISBN 978-89-5775-331-6 03320
값 18,500원

* 이코노믹북스는 도서출판 집사재의 임프린트입니다.

이기는 독서, 탈Book

박상배 지음

이코노믹북스

탈Book 전과 후 1

위기를 이기는 힘, 탈Book

오윤영

탈북(Book) 프로그램을 처음 만났을 때 나는 결혼 10년 차 워킹맘 9년 차로 내 삶은 접어두고 아내, 엄마의 역할로 열심히 달려오다 잠시 내려놓았던 내 삶을 다시 찾고 싶은 욕구가 있었다.

탈Book을 하면 뭔가 달라지지 않을까 하는 기대감에 시작했다. 운 좋게도 난 내가 원하는 일을 하고 있지만 뭔가 한 단계 성장이 필요한 시기였다. 내가 하고 있는 일을 좀 더 전문화시켜 한 단계 나아가고 싶지만 한 가지 문제가 있었다. 남편의 건강 이상 신호가 장기간 지속되어 왔고 호전되지 않고 있었기 때문이다.

하고 싶은 것도 많고 성장의 욕심도 많은 나였기에 어느 하나 포기하고 싶지 않았다.

남편의 건강 회복과 나의 성장을 모두 가져가고 싶었다.

일단 내가 꿈꾸는 것들, 내가 하고 싶은 일들에 대해 모두 나열하고 나의 현재 문제와 해야 할 일들을 적어보았다. 생각이 정리되지 않았다. 모두 움켜쥐고 아무것도 놓고 싶지 않았던 탓이다.

탈Book 코칭을 받아 3년 후 나의 모습을 그리고 지금의 모습과 미래의 모습에 대한 갭(gap) 분석을 통해 현재 내가 할 수 있는 것들을 찾고 나의 성장과 남편의 건강, 가정경제를 살리는 계획을 세웠다. 지금 내가 해야만 하는 것들을 하면서 성장해 가는 길을 선택했고 조금은 천천히 한 단계 내딛기로 했다.

계획이 세워지니 나의 마음도 한결 가벼워지고 이대로만 한다면 희망이 보였다. 계획대로만 실천한다면 정말 순조롭게 진행될 삶이었다. 그땐… 그랬다.

그런데 계획을 세운 지 하루 만에 남편과 찾은 병원에서 청천벽력 같은 소리를 들었다.

"파킨슨이 의심되니 큰 병원으로 가보세요."

그냥 단순히 자율신경실조증으로만 알고 회복하면 해결이 될 거라 생각했던 남편의 상태가 더 이상 회복을 기대할 수 없는 퇴행성 뇌질환이라니…

당시 탈Book을 단순히 자기계발 프로그램 정도로만 생각했던 나였기에 남편의 치료에 집중해야 할 상황에 자기계발이 무슨 의미인가 싶었다.

"저 더 이상 못할 것 같아요."

이 말을 던져놓고 종일 정신없이 남편의 대학병원 진료를 위한 준비를 하러 다녔다.

모든 준비가 끝나고 집으로 돌아와 남편의 놀란 마음을 진정시키고 장기전을 위해 생각을 정리했다.

'내 삶도 포기해서는 안 되겠구나.'

'내가 없다면 이전처럼 또 돌아가겠구나' 싶었다. 돌파구를 만들어야 내가 견딜 것 같아 다시 시작한 탈Book이었다.

다시 탈Book 프로그램에 참여하면서 책을 찾아 읽고 '파킨슨'과의 싸움을 선포했다.

매일 새벽 기상을 하고 독서환경 세팅을 신고하는 시스템을 탈북(Book)의 멤버들은 '생존신고'라고 한다. 함께 깨어 있는 동지가 있어 든든하고 서로에게 도전이 되고 힘이 되는 시간이다.

파킨슨 증상과 케어 방법, 장기전을 위한 마인드를 어떻게 가져야 할지 탈Book 브로커(우리는 이 책의 저자를 그렇게 호칭한다) 코칭을 받아 가며 내가 풀어야 할 숙제에 대해 질문을 가지고 책에서 찾기 시작했다.

질문에 대한 인사이트를 책에서 찾고 내용을 내 삶에 어떻게 적용해 볼 것인지 계획을 세우고 실행하는 것을 탈북에서는 오.여.기(오늘 여기까지 읽고 행동하기) 미션이라 한다. 난 이 오.여.기 미션을 통해 내가 앞으로 파킨슨이라는 질병을 받아들이고 장기전을 어떻게 준비해 나가야 할지, 내가 하루하루를 어떻게 실행해야 할지를 묻고 답을 얻고 실천하고 있다. 이를 통해 내가 얻게 된 건 흔들리지 않고 앞으로 나갈 수 있는 단단함과 남편의 신뢰를 얻었다. 남편도 많이 흔들리고 두렵고 또한 내가 걱정이 되었을 텐데 오히려 내가 단단해짐으로 의연하게 대처하고 더불어 정보를 주며 적용할 수 있는 부분을 알려주고 함께하니 나의 말을 신뢰하고 잘 따라주고 있다.

또한 내가 찾지 못했던 정보를 찾아 제시하며 방향을 알려주는 1:1 맞춤 브로커가 있어 든든하다. 매일 함께 새벽을 열며 탈Book을 함께하는 멤버들이 있어 서로를 응원하고 지지하고 위로가 되어 힘이 난다. 인생에서 가장 위기의 순간에 내가 혼자가 아닌 게 다행이라는 생각이 들고 어쩌면 외롭고 위태롭게 걸었을 그 길에 길동무와 길잡이가 있다는 건 정말 행운이라 생각한다.

탈Book은 이기는 독서다. 단순히 책을 읽고 지식정보 습득에 그치지 않는다. 나는 위기의 순간에 책을 통해 기회를 보았고, 여전히 그 기회를 놓치지 않으려 하루하루 실행에 옮기고 있는 중이다. 그 변화는 조금씩 조금씩 나에게 찾아오고 있다. 아무것도 할 수 없을 것 같았던 삶 속에서도 기회가 보이고 내 인생의 또 다른 꿈을 꾸게 한다.

책에서 문제의 해답을 찾고 삶에 적용하면 반드시 어떠한 위기 상황에서도 이길 수 있는 힘이 생긴다고 말해주고 싶다. 탈Book, 이기는 독서를 꼭 해보기 바란다.

‘탈Book’ 무대를 옮겨 내가 주인공으로 살아가게 하다

이송이

안녕하세요. 저는 대구의 한 작은 동네에서 평범한 모습으로 조금도 특별하지 않은 삶을 살아가던 매우 뚱뚱하고 자신감 없는 보통의 아줌마였습니다. 저도 한때는 날씬하고 가끔 예쁘단 소리도 들으며 자신감 넘치던 때가 있었습니다. 하지만 모두가 한번쯤은 겪었을 연애에서 결혼으로 넘어가는 현실적인 과정, 아무도 가르쳐주지 않았던 임신-출산, 육아의 된맛으로 점점 건강은 뒷전이 되어 가고 나의 이름마저 잊은 채 살아가고 있었습니다.

물론 누군가의 아내와 엄마로 살아가는 삶은 감사한 일입니다. 하지만 저는 중요한 걸 놓치고 있었습니다. 바로 ‘나 자신’이지요. 시간이 흘러 아이가 어느 정도 자라자 꾸깃꾸깃 접어놓았던 ‘나’라는 정체성은 주머니 속의 날카로운 바늘이 되어 이리저리 굴러다니다

느닷없이 찔러대는 아픔이 되었습니다. 그 생채기는 점점 큰 상처가 되어 마음에 멍이 들게 했고, 이것은 우울증–갱년기–무기력–호르몬의 공격이란 이름으로 계속 제 곁을 맴돌았습니다.

그러던 2024. 09. 11. 수요일. 오전 10시.

대구의 어느 작은 군립도서관. 평소라면 기억의 한 조각조차 남아 있지 않을 9월의 이 작은 날에, 저는 신이 주신 기회로 '탈Book'을 만났습니다. 평소 의욕은 과하지만 계획이나 행동력이 약했던 저는 여러 자기계발 모임을 전전하며 시간과 비용을 축내던 중이었습니다. 그때는 그저 나의 의지가 약해서, 내가 게을러서, 내 지식이 부족해서 자꾸만 실패하거나 지속하지 못한다고 생각했습니다. 그렇게 자책과 자괴감만을 느끼게 하는 자기계발이 뭔가 말장난 같고 사기꾼들 같다고 느껴지면서도, 한편으론 개개인에 맞는 밀착 코칭을 해주는 곳은 없을까 하는 꿈을 꾸기도 했습니다.

'탈Book'을 만나기 전까지는 정말 꿈에 불과했습니다. 수업 내용은 지금까지 바라왔던 실행을 통한 '아웃풋 독서'에 관한 것이었기 때문에, 평소와 다른 적극적인 자세로 새벽 줌모임에 참여할 수 있는 기회를 잡았습니다. 그렇게 황금 동아줄인 줄도 모르고 잡았던 그 줄을 놓치지 않고, 차근차근 일주일간 '실행독서'의 현장을 접한 후에 '탈Book'에 과감히 발을 디디게 되었던 것입니다.

'탈Book'은 제가 그동안 한 번도 경험해 보지 못했던 낯선 시스템이었습니다. 기존에 독서를 하면서 해결되지 않았던 문제들이 이상하게 조금씩 해결되는 경험, 즉 '탈Book'방식의 위력이 느껴지기 시작했습니다. 사소한 문제이니까 되는 것이지 않을까 의심이 가득했습니다. 헌 옷을 벗고 새 옷으로 갈아입는 것처럼 저의 아집을 내려놓기는 쉽지 않았습니다. 하지만 기존 옷을 벗지 않고서는 새 옷을 입지 못하는 이치와 같았습니다. 생존신고(바이오리듬)와 오.여.기 미션을 통해서 저의 통념을 하나씩 벗어던지기 시작하였습니다. 그래서 지금의 제 삶이 어떻게 바뀌었냐구요?

첫 번째, 저는 '탈Book'을 통한 체질개선으로 3개월간 30kg을 감량했습니다. 85kg의 뚱뚱한 아줌마에서 55kg의 아가씨 못지않은, 오히려 아줌마가 저렇게 건강하고 날씬하다고 하는 부러움을 사는 건강줌마가 되었습니다.

두 번째, 저는 체질개선을 통한 체중감량과 그 과정에서 터득한 '탈Book' 원리를 일상생활에 적용해서 정체성을 변화시키고 자신감을 얻어 '결국 해내는 사람'으로 거듭났습니다.

세 번째, 이러한 변화의 집약체로 저는 10년 넘는 경력 단절에서 벗어나 나의 천직을 찾았고, 정신적 경제적으로 누구에게나 당당할 수 있는 월수입을 올리고 있습니다.

흔히 부모교육에서 대물림이란 말을 많이 사용합니다. 저는 '탈Book'을 만나기 전까지 건강하지 못한 식생활과 낮은 자존감, 우울감과 무기력, 남을 탓하는 잘못된 사고방식을 물려주고 있었습니다. 지금은 세상에서 가장 소중한 딸에게 자신의 꿈을 찾는 방법과 그 꿈을 이루기 위한 방법, 그리고 가장 중요한 건강을 위해 어떤 생활을 해야 하는지에 대해 제가 살아가는 모습 그 자체로 정신적 유산을 물려주고 있습니다.

이 모든 시작은 2024.9.11. '탈Book'을 만나고부터입니다. 이 책을 읽고 계신 여러분들께서도 지금 이 순간, 그날의 저와 같은 행운을 만난 거라고 감히 말씀드립니다. 달팽이처럼 느리고 존재감 없던 저는 이제 5초 만에 실행하는 '5초 달팽이'가 되었습니다. 제가 가능하다면 여러분도 틀림없이 가능합니다.

'탈Book'이 저에게 알라딘 램프 지니였다면, 여러분들에게 램프 속 지니를 만나게 되는 기회가 될 것임을 의심하지 않습니다.

프롤로그

물은 100도에서 끓지만, '탈Book' 코드는 1도에서도 끓는다

어떤 일을 하면서 변화가 필요할 때 나오는 단어 중 하나가 임계점이다. 임계점(臨界點, Critical Point)은 액체와 기체의 상이 구분될 수 있는 최대의 온도–압력 한계이다. 특히 온도를 가리킬 경우 임계온도(critical temperature, 기호 Tc)라고 한다. 물리학에서의 이 개념이 생활 속에서 차용되어 사용된다. 그전 상태에서 좀 더 나은 상태로 변환이 필요할 때 우린 늘상 임계점을 돌파해야 한다는 표현을 사용한다.

물리학의 개념을 이용해 사람들의 성장에도 비유적으로 임계점을 사용한다. 〈10년 법칙〉, 〈1만 시간의 법칙〉, 〈아웃라이어〉, 〈슈퍼노멀〉, 〈폴리매스〉, 〈역행자〉, 〈빅커리어〉 이외 다양한 책에서 임계점을 돌파한 사람들을 이야기한다. 특히 평범한 사람들이 비범한 사람이 되는 방법은 〈아웃라이어〉에 잘 나와 있다. 한마디로 이야기하면 보통 사람의 범주를 넘어서서 성공을 거둔 사람, 성공의 기회를 발견해 그것을 자신의 것으로 만든 사람을 뜻한다.

누구나 아웃라이어가 되고 싶지만, 그 길은 좁다. 그럼 지레 겁먹고 포기하고 이대로 지내야 하는가? 비범한 사람도 갑자기 된 것은 아니다. 그들 또한 높은 허들을 넘어서 자격을 취득했다.

우리는 비범한 사람만 생각하면 주눅이 들 수 있지만, 당신도 가능한 방법이 있다. 비범한 사람이 아닌 평범한 일을 비범하게 해내면 결국 그 좁은 길을 통과하는 주인공이 될 수 있다.

이 책은 독서를 해도 성과가 나지 않는 사람들에게 '책을 조금 읽어도 짧은 기간에 성과를 낼 수 있을까'라는 중요한 화두를 던지고 있다. 당신은 지금 좀 더 나은 삶을 바라며 책들에 둘러싸여 있다. 사실 서재에는 생존에 필요한 건강, 재테크, 철학, 인문학, 경제, 문학, 트렌드 이외 다양한 보물들이 가득하다. 하지만 그 책들과 숨바꼭질을 하고 있다. 서재 속의 보물을 찾아내어 당신이 고민하는 문제들을 풀어낼 수 있다.

서재 속의 보물, 즉 '탈Book' 시스템으로 보물을 발견할 수 있다. '탈Book' 코드는 평범한 사람이 비범한 일을 할 수 있도록 만드는 마스터키다. 어떻게 그게 가능하다는 말일까?

독서 분야에도 나름 임계점 법칙이 소개된다. 500권, 1,000권,

2,000권, 1만 권 정도 읽게 되면 임계점에 도달한다고 보는 경향이 많다. 난 이 이야기에 반박하고 싶다. 500권 기준 10%, 50권만 '탈Book' 코드 활용해서 적극적인 문제해결 독서를 하면 가능하다고 본다.

그동안 우리는 잘못된 임계점 개념에 현혹되고 있었다. 액체가 기체가 된 상태, 즉 물리적 성질이 바뀐 개념을 차용해서 100도가 되어야만 한다고 생각했다. 이것은 요리, 화학, 재료 분야에서 맞을 수 있다. 그런데 사람들의 변화에 임계점을 접목하는 게 적합할까?

1,000권을 읽어야만 당신은 다른 사람이 될 수 있다고 설득하는 개념은 100도가 되어야 끓는다는 말과 유사한 개념이라 생각한다. 사람의 도약은 임계점 개념 적용을 달리해야 한다. 100도가 될 때까지 기다리면서 책만 읽는 경우와 매일 1도씩 올리는 책 읽기, 누가 더 임계점에 빨리 도달할까? 하루에 1도씩 올리면 안 된다는 법칙이 있는가? 그렇게 100일간에 걸쳐서 100도를 만든다면 어떤 일이 벌어질까?

가설사고 능력 & 실행 능력은 보통 독서와 확연히 다른 결과를 도출한다는 사실을 '탈Book'방 멤버들을 통해서 확인했다. 60일 기간에 2~3년 동안 노력했어도 안 된 일들이 해결되는 경우가 많이 발생했다. 어떻게 가능하게 되었을까? R.B.O 모델을 통해 그 과정을 이해할 수 있다.

'탈Book'에서 중요한 이론 R.B.O는 독서 생산성 아웃풋 개념이다. R : Reading, B : Behavior, O : Output이다. R은 독서행위, B는

행동, O는 아웃풋이다. 당연히 행동모델 ABC 개념을 독서에 접목했다. 아웃풋의 결과에 따라서 책을 보는 방법을 바꿀 수 있다. 합리적인 아웃풋을 내는 시스템이 장착되면, 여러분이 생각하는 책의 총량보다 적은 권수로 남다른 성과를 낼 수 있게 된다.

'탈Book' 코드는 4단계 프로세스를 통해서 익힐 수 있다.

생존신고, 오.여.기 미션, 60일 집중아웃풋 미션, 선승관리.

이렇게 4단계를 하루 30분 접목하면 남다른 자신을 만날 수 있다. 2008년 이후 16년 만에 알게 된 '탈Book' 코드는 당신을 가고자 하는 목적지까지 페이스메이커가 되어 돕는 성장 도구다.

"지금 있는 곳에서, 지금 지닌 것으로, 자신이 할 수 있는 것을 하라."

'시어도어 루스벨트'가 한 말이다.

지금 있는 곳이 절벽인가? 지금 지닌 것이 아무것도 없는가?

세상의 벽에 갇혀 있다면, '탈Book' 코드 마스터키로 문을 열어 당당히 위너, 즉 비범한 사람이 되어 보자.

CONTENTS

Chapter 2
'탈Book' 코드를 익히면 10년간 할 일 1년이면 족하다

Chapter 3
실행 체력을 획기적으로 높이는 '탈Book' 프로세스

01 속근육과 겉근육을 결정짓는 코어

02 '탈Book' 4단계 프로세스

03 '탈Book'방에서 무엇을 하고 놀고 있는가?

Chapter 4
3년 뒤, 10년 뒤가 기대된다

Chapter

1

나를 변화시키는 코드, '탈Book'

사막에 오아시스가 없다면 너무도 위험한 여정이다. 그래서 부족에서 제일 영향력 있는 사람은 미로 같은 사막에서 오아시스를 정확하게 찾을 수 있는 사람에게 주어진다. 사막에서 오아시스가 생명줄이라면 우리 삶 속에서 오아시스 같은 역할을 해주는 것은 무엇일까? 사람마다 오아시스라고 이야기하는 것은 다양할 것이다.

경쟁이 치열한 시대에 태어난 우리는 삶의 사막 가운데에 갇혀 있다. 길을 잃고 힘들 때 우리에게 무엇이 오아시스 역할을 해주었을까? 오랜 기간 책이 그 역할을 해왔다. 소수는 책 속에서 지혜의 물을 발견하지만, 대다수는 자신의 갈증을 해결할 만큼 발견하지 못하는 것이 현실이다. 삶의 갈증을 해결하기 위한 책 읽기 여행은 모두가 다 해답을 찾아 나서지만, 소수만이 책 속에서 길을 찾는다.

미치도록 나를 바꾸고 싶다는 열망을 갖고 읽지만, 그 결과는 하늘과 땅 차이다. 책을 통해 삶의 아웃풋을 내는 사람들, 그들은 정말 특별한 유전자를 지니고 있을까? 물론 특별한 소수, 즉 독서 천재는 있지만 책을 통해 성과를 남다르게 낸 사람들을 사석에서 만나 이야기를 나눠 보면 평범했던 시절이 오랜 기간 있었다. 그들도 책을 보면서 길을 잃어 방황의 시간이 길었다는 공통점이 있다. 우연히 읽다가 문득 일명 접신이 되면서 책 속 글자가 내 삶에 녹아드는 경험을 하게 된다. 자신은 되었지만 다른 이가 그 방식을 따라 하기는 버겁다.

우리도 그들처럼 성과가 날 때까지 읽어야만 하는가?

01

단기간에 레벨업 가능한 '탈Book'

잡힐 듯 말 듯 머릿속에 정리가 되지 않을 때쯤 한 단어가 떠올랐다. '현질'이다. 현질은 부분 유료화 게임에서 게임상 아이템이나 재화 등을 현금으로 구매하는 것을 의미하는 신조어이다. 캐시질이라고도 한다. 정상적인 시간을 통해 자신의 레벨을 올리는 방법이 오래 걸리지만, 현질을 통하면 단기간에 자신이 원하는 레벨로 올릴 수 있다. 책 읽기에도 이런 방법이 있다면 얼마나 좋을까? 그 고민의 출발에서 나온 것이 '탈Book'이다.

다이어트로 많은 시도를 했지만, 늘 실패해서 자존감이 바닥이던 여성이 있다. 45세가 될 때까지 여러 번 다이어트를 시도했지만, 결과는 늘 요요로 30kg 늘어나 85kg이 된 여성을 만났다. 그녀는 일명 책벌레라고 불릴 정도로 독서광이었고, 웬만한 다이어트 책은 다 읽었지만 늘상 다이어트는 실패했다.

나는 그녀에게 '탈Book' 개념을 접목해서 시도해 보는 것은 어떤지 제안했다. 결과는 어떻게 되었을까? 놀랍게도 85kg에서 55kg으로 요요 없는 건강한 감량을 달성했다. 분명 '탈Book'을 만나기 전부터 독서를 많이 했다. 그런데 무슨 차이가 있기에 변화가 된 것일까?

한마디로 이야기하면 '양질전환의 법칙' 독서에 익숙했던 그녀는 그 방식을 멈추었다. 많은 책이 아닌 한 권을 제대로 씹어먹는 책 파먹기를 하도록 권했다. 그동안 그녀는 책을 읽는데 자신의 에너지를 90% 사용하고 남은 에너지로 적용을 하지만 별다른 변화는 없었다. 건강한 감량 아웃풋을 잊어버린 채 다이어트 지식을 배우는 것에 심취했다. 12주 만에 30kg 감량 후 그녀의 삶에 많은 변화가 왔다. 의욕이 바닥이었기에 집안은 늘 엉망이었다. 그녀가 변한 후에 본인뿐만 아니라 가족 모두에게 기쁨을 주는 존재로 변모했다.

> "책 100권을 읽고 일어나는 질적 변화와 책 한 권을 읽고 100개의 아이디어를 실행했을 때 일어나는 질적 변화는 무엇이 다를까?"

이 책 전반에 중요한 화두가 되는 질문이다. 그 질문을 토대로 프로토타입으로 진행을 했던 곳이 '탈Book'방이다. 2024.08.15. 광복절에 출발했기에 5개월 정도 지나고 있지만 기간 대비 아웃풋은 참여한 분들 모두에게 극적인 반전이 일어났다. 늘 해결하고 싶었지만 안 된 일들이 '탈Book'을 익히고 난 후 풀리기 시작했다.

읽는다는 것은 어려운 일이 아니다. 그 읽는 행위에서 중요한 무언가를 놓치고 있다. 그동안 많은 분들에게 독서를 했던 시간이 낭비가 아닌 투자가 되도록 돕고 싶다. '탈Book'이 기존 독서와 연결하는 브릿지가 되어 임계점에 도달하도록 돕고 싶다. 누구나 '탈Book' 방식을 통해서 읽게 되면 짧은 기간에 남다른 아웃풋을 낼 수 있다. 책을 열심히 읽지만, 도무지 어떻게 해야 할지 길을 잃은 분들에게 '탈Book'을 통해 답을 얻을 것을 권해 본다.

읽는 것만 좋아하는 활자중독에 빠진 사람들

활자중독증은 문자중독증이라고도 하며, 글자로 된 모든 것을 닥치는 대로 읽어야 직성이 풀리고 그렇게 하지 않으면 불안함을 느끼는 것이 특징이다. 예를 들면 활자중독인 사람은 신문을 보더라도 맨 앞면부터 끝 면까지 모조리 읽는다. 의도적으로 활자중독 관련된 내용을 검색하던 중, 건국대 신경정신과 하지현 교수께서 쓴 글이 눈에 들어왔다.

"화장실에 들어갈 때 신문이나 잡지를 가지고 가지 않으면 마음이 불편한 사람들이 있습니다. 급한 마음에 그냥 들어갔다가는 좌불안석. 어떤 사람은 하다못해 입고 있는 옷을 뒤집어 깨알같이 인쇄된 '이 제품은 반드시 드라이클리닝하십시오', '메이드 인 코리아' 같은 제품 표시 라벨이라도 읽어야 마음이 편해진다고 합니다. 버스를 타고 여행이라도 떠나면 이런저런 읽을거리를 챙기느라 정신이 없습니다. 일상으로부터 탈출했지만, 지긋이 눈을 감을 순 없습니다. 뭐라도 반드시 읽어야 하니까요. 지하철을 탔을 때도, 행여 눈 둘 곳이 없으면 벽광고를 읽거나 노선도를 보고 있지 않나요. 병원이나 은행에서 차례를 기다리는 순간 역시 그냥 넘기지 못합니다. 뭔지 모를 전문의료잡지라도, 금융상품안내서라도 처음부터 끝까지 읽어야 하죠. 이 정도 수준이면 당신은 활자중독자입니다. 더 나아가 맞춤법에 아주 민감해 식당 차림판에 찌개를 '찌게'라고 쓴 걸 보면 화가 버럭 납니다. 시험 전날 밤 쓸데없는 소설을 보다가 날밤을 샌 전력이 있다면 당신의 증상은 더욱 확실합니다.

책과 글을 좋아한다는 건, 좋은 일이죠. 그렇지만 위와 같은 경우는 그저 책을 좋아하는 독서가라고 하기 어렵습니다. 같은 책을 여러 번 보고 생각을 곱씹으며 사고의 깊이를 넓고 깊게 하는 것이 아니기 때문입니다. 뭔가를 읽기를 좋아한다는 것은 분명하지만 '읽는다'는 행위 자체가 내용보다 더 중요해진 상황입니다. 몰랐던 새로운 사실을 깨달았을 때의 즐거움보다는 내 눈앞에 뭔가 보여지고 있다는 사실이 더욱 절실합니다. 왜 뭔가 눈앞에 있어야만 하는 것일까요. 그것은 아마도 아무런 자극도 없는 상황이 괴

롭기 때문입니다. 끊임없이 자극이 들어와야 합니다.

제 사견으로 활자중독 이야기를 하기보다는 오랜 기간 연구하신 하지현 교수의 견해를 가지고 말하려고 한다. 2007년 헬스조선 칼럼에 올라온 내용이다.

활자중독 현상이 2025년에는 달라졌을까? 아니다. 더 심해지고 있다. 이젠 활자중독에 더해 영상 · 미디어 중독으로 더 넓어졌다. 활자중독이 있는 분들이 나에게 와서 호소한다. 책 안 보고, 독서하지 않는 분들이 더 심각한 문제가 있지 않겠냐고 반문한다. 물론 일부 타당하지만, 만약 둘 중의 하나를 나보고 선택하라고 한다면 활자중독 부류와 일반적으로 책을 보지 않고 살아가는 부류가 있다면 난 후자를 선택한다. 왜 그러냐고 묻는다면 몰입과 중독을 구별하지 못하면 인생사가 잘못된 방향으로 흘러갈 수 있기 때문이다.

몰입과 중독을 어떻게 구별할까? 오랜 시간 고민을 해보았다. 간단하게 정의 내리기는 쉽지 않았다. 중학교 학생도 쉽게 이해하는 몰입과 중독의 구분이 필요했다. 결국 나름대로 정의를 내려보았다. 몰입은 그 일을 그만두게 했을 때 절대로 짜증, 분노, 공격성을 띠지 않는다. 내일, 다음에 하면 된다.

그에 반해서 중독은 그 행동을 못 하게 하면 엄청난 욕과 짜증, 공격성을 드러낸다. 상대가 요청해도 멈추지 않고, 지쳐서 에너지가 방전될 때까지 한다. 지금 여러분은 활자를 못 읽게 요청하면 어떤 감정이 올라오는가? 활자중독이 오게 되면 배움중독이 같이 오는 경우가 많다. 지속해서 뇌에서 도파민 호르몬이 강하게 분비되어, 읽는 행위에서 오는 쾌감이 높다. 마치 갈증이 날 때 음료수를 먹고 나면 잠시 후 더 센 목마름이 찾아오는 것과 같다.

왜 읽기만 하는 걸까? 이 질문에 답한다면 중독이다. 왜 그럼 읽기만 하는 현상에서 벗어나지 못하는 것일까? 그 기저에는 읽기만 하면 달라질 수 있다는 착각에 빠져 있기 때문이다. 읽고만 있으면 책 속의 주인공처럼 될 수 있지 않을까 하는 마음이 깔려 있다고 본다.

활자중독에서 벗어나는 방법은 없을까? 중독의 메커니즘을 알면 활자중독도 치료할 수 있다. 중독을 치료하는 방법은 시간이 많이 소요된다. 마약중독, 도박중독, 약물중독, 게임중독, 섹스중독의 경우는 치료가 힘들다. 그에 반해서 활자중독은 치료 예후가 좋다. 예후가 좋은 활자중독, 이제부터 함께 치료해 보자. 하지현 교수 칼럼을 참조해서 활자중독 체크리스트를 만들었다.

활자중독 체크리스트

1. 화장실에 들어갈 때 신문, 잡지, 휴대전화를 가져가지 않으면 마음이 불편하다. (　　)
2. 읽는 것(책, 휴대폰, 신문)을 가져가지 않고 들어가면 용변이 잘되지 않는다. (　　)
3. 식구들과 식사 중에도 신문, 잡지, 휴대전화를 본다. (　　)
4. 버스, 지하철에 탑승했을 때 벽 광고 또는 노선도를 보고 있다. (　　)

5. 병원, 은행, 관공서에서 기다릴 때 분야별 해당 잡지를 꼭 본다. (　)
6. 식당에 가서 메뉴판을 처음부터 끝까지 본다. (　)
7. 시험 전날 잠깐 읽으려던 소설을 보다가 날밤을 새운다. (　)
8. 가족과 지인들이 책 좀 그만 보라고 이야기한다. (　)
9. 책 또는 휴대전화를 보다가 버스 또는 지하철 목적지를 지나친 적이 있다. (　)

9가지 항목 중에서 체크 6개 이상이면 활자중독
3~5개 사이면 활자중독 위험단계
1~2개 활자중독 주의 필요
0개라면 건강한 독서가

체크해 보시면 전반적으로 0 또는 1~2개 정도가 나온다. 몇 분은 활자중독 위험단계이고, 활자중독이 되는 소수도 있다.

활자중독을 실행중독으로 교체하는 마인드셋

이 책은 활자중독보다는 '가족과 지인들이 책 좀 그만 보라고 이야기한다'라는 항목에 체크된 분들에게 도움이 되는 내용이다. 9개 중에서 2개를 체크했고 그중 8번 항목이 있다면 이번 기회에 점검을 통해 환경 세팅을 바꿔야 한다.

실제 '탈Book'방에서 설문지 체크를 부탁드려 보았다.

활자중독 체크리스트를 해보면 스스로 이런 생각을 하도록 도와준다.

스스로 질문을 해보고, 지금 상황에서 돌아서는 것이 중요하다. 타인이 하면 상처지만, 스스로 하면 치유가 된다. 낯선 곳에 가서 길을 잃었을 때 우리는 그 길을 잘 아는 분에게 전화를 걸어 물어본다. 그때 상대방이 첫 번째로 하는 말은 다들 알고 있다. 지금 눈앞에 보이는 건물을 물어보듯, 자신이 어디쯤 있는지 체크가 먼저다. 멤버분들도 지금 자신이 어떤 상황인지 체크가 필요했다.

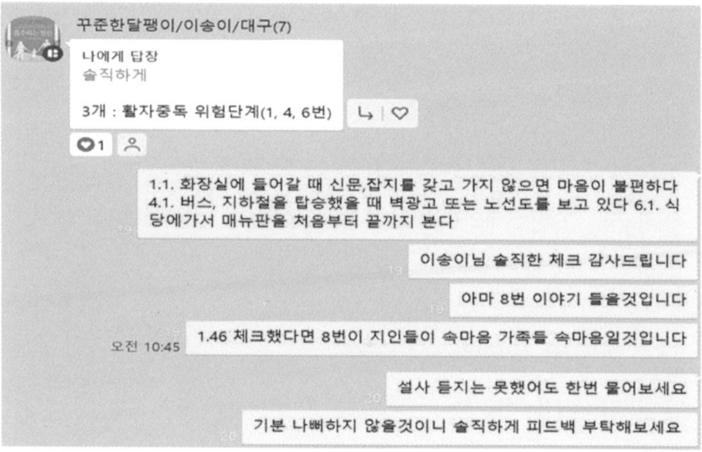

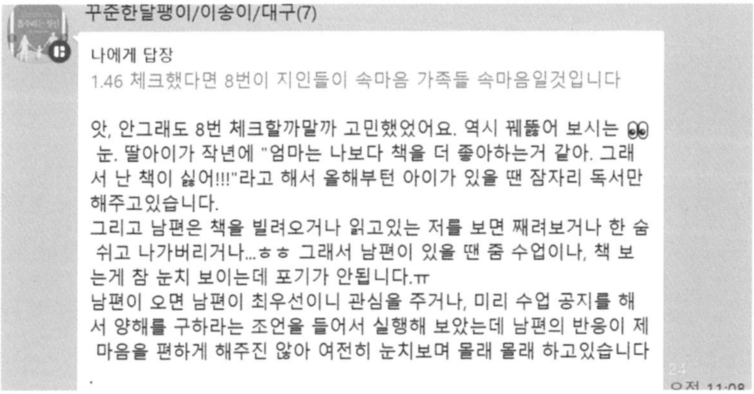
꾸준한달팽이/이송이/대구(7)
나에게 답장
1.46 체크했다면 8번이 지인들이 속마음 가족들 속마음일것입니다
앗, 안그래도 8번 체크할까말까 고민했었어요. 역시 꿰뚫어 보시는 👀 눈. 딸아이가 작년에 "엄마는 나보다 책을 더 좋아하는거 같아. 그래서 난 책이 싫어!!!"라고 해서 올해부턴 아이가 있을 땐 잠자리 독서만 해주고있습니다.
그리고 남편은 책을 빌려오거나 읽고있는 저를 보면 째려보거나 한 숨 쉬고 나가버리거나...ㅎㅎ 그래서 남편이 있을 땐 줌 수업이나, 책 보는게 참 눈치 보이는데 포기가 안됩니다.ㅠ
남편이 오면 남편이 최우선이니 관심을 주거나, 미리 수업 공지를 해서 양해를 구하라는 조언을 들어서 실행해 보았는데 남편의 반응이 제 마음을 편하게 해주진 않아 여전히 눈치보며 몰래 몰래 하고있습니다.
24

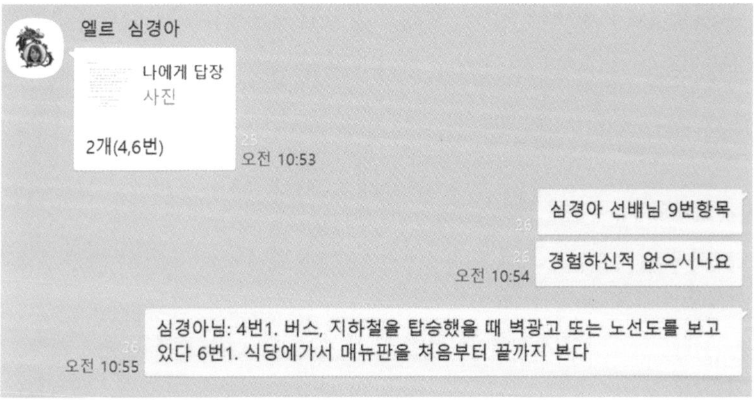
엘르 심경아
나에게 답장
사진
2개(4,6번)
25
오전 10:53
심경아 선배님 9번항목
26
경험하신적 없으시나요
26
오전 10:54
심경아님: 4번1. 버스, 지하철을 탑승했을 때 벽광고 또는 노선도를 보고 있다 6번1. 식당에가서 매뉴판을 처음부터 끝까지 본다
26
오전 10:55

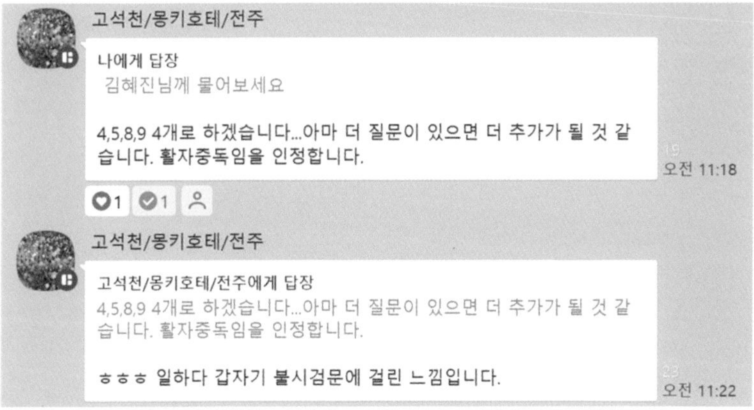
고석천/몽키호테/전주
나에게 답장
김혜진님께 물어보세요
4,5,8,9 4개로 하겠습니다...아마 더 질문이 있으면 더 추가가 될 것 같습니다. 활자중독임을 인정합니다.
19
오전 11:18
1
1
고석천/몽키호테/전주
고석천/몽키호테/전주에게 답장
4,5,8,9 4개로 하겠습니다...아마 더 질문이 있으면 더 추가가 될 것 같습니다. 활자중독임을 인정합니다.
ㅎㅎㅎ 일하다 갑자기 불시검문에 걸린 느낌입니다.
23
오전 11:22

체크리스트하는 시간은 단 5분도 안 걸린다. 체크 이후 숨겨진 정보, 감추고 싶은 정보가 드러난다. 정보를 토대로 가장 쉬운 것부터 사소하게 변화를 주기 시작하면 된다. 항목 중 제일 쉽게 수정할 것을 선택하면 된다. 셀프체크(Self-Check) 위력은 사소하지만, 치유에 있어서 강력한 첫걸음이다. 체크 항목을 고치려고 할 때 팁을 드리고 싶다. 자신의 의지를 믿지 말고, 개선할 수 있는 환경 세팅을 하는 것이 중요하다.

예를 들어 설명해 보자. 활자중독 3번 항목이 "식구들과 식사 중에도 신문, 잡지, 휴대전화를 본다." 항목이 있다. 고치고 싶다면 어떻게 해야 할까? 몇 번은 조심하지만, 어느 순간 식사 중 자신의 손에 휴대전화기가 있는 것을 발견하게 된다. 가족들은 '그러면 그렇지' 하면서 당신의 노력을 헐뜯는다. 속상한 일이다. 이런 일을 막는 방법은 집 한쪽에 휴대폰 보관함을 두도록 한다. 식사하는 동안 그곳에 휴대폰을 넣으면 된다. 이때 공개선언을 가족들에게 하면 좋다. 식사할 때 휴대전화기 또는 책을 가지고 오면 가족 구성원 한 명에게 5만 원을 지급한다. 이 환경 세팅 방식은 의지력보다 몇 배 합리적이다. 5만 원 나가는 부정적 상황이 휴대폰을 보고 싶은 충동을 이긴다. 왜 그럴까? 다음 장에 소개하는 인지모델과 행동모델에 실마리가 있다.

인지 A.B.C 모델 vs
행동 A.B.C 모델

인지 A.B.C 모델

ABC 모델 인지치료의 주요 원조는 엘리스가 개발한 비합리적 신념의 ABC 기법(ABC Technique of Irrational Beliefs)이다. 일상적으로 일어나고 있는 사건을 보고, 해석하고, 생각할 것을 촉구하는 선행사건(Activating Events: A)을 경험한다. 이러한 사건에 대한 해석은 자신, 세계 및 사건의 역할에 대한 구체적인 신념(Beliefs: B)을 초래한다. 이 신념을 개발하면 신념에 기초한 결과(Consequences: C)를 경험한다. 개인이 비합리적 신념을 발전시킨 과정을 분석하고 기록한다. 오히려 부정적인 감정과 부적절한 행동을 유발하는 것은 비합리적 신념(irrational belief)이다.

엘리스는 불행의 원인을 설명하기 위해 ABC 접근법을 사용했다. 직장에서 해고되는 것은 선행사건(A)이다. 궁극적 결과(C)는 정서적인 고통이다. 그러나 선행사건(A)과 결과(C)는 다양한 신념(B)에 의해 중재된다.

살면서 어떤 사건이 우리에게 어떤 영향을 주는지 원인과 결과를 규명하는 인지치료 기법이다. 선행사건(Activating Events: A), 사건에 대한 자신의 역할에 대한 구체적인 신념(Beliefs: B), 신념에 기초한 결과(Consequences: C)를 경험한다. 예를 들어 일상생활에 접목하면서 이해해 보자.

최근 추석을 지낸 후 상담을 요청한 여성회원이 많았다. A 선행사건은 집과 시댁에서 태도가 달라진 남편(시어머니 뒤에 숨어서 갑질), B는 남편이 추석에 시댁 가면 엄마 밥상을 당연히 요구하는 마음, C 결과는 며느리의 추석 준비량이 더 늘어난다. 결국 며느리가 이 집 일꾼이라는 씁쓸한 마음이 생긴다. 이런 일련의 과정을 통해 명절증후군이 일어난다. 시어머니와 남편이 알아서 조금 신경 써주면 좋은데 그렇게 하지 않는다. 며느리에게 효과적인 방법은 없을까?

행동 A.B.C 모델

며느리에게 행동 A.B.C 모델을 소개해준다면 조금 덜 스트레스 받는 상황을 만들 수 있다고 생각한다. 그럼 행동 A.B.C 모델을 알아보자. 이 행동 모델을 알려면 '응용행동분석'분야를 알 필요가 있다. 우리에게는 생소한 분야다.

응용행동분석에서 첫 번째 박사학위를 취득한 분은 오세진 박사다. 그가 쓴 책 〈행동을 경영하라〉에 보면, 행동 A.B.C 모델이 소개되어 있다. 이 책 34페이지에 있는 내용을 조금 수정하여 아래표를 정리했다. 이 책 전체 이해를 돕기 위해 책에서 표 2개를 인용한다.

보통 조직과 개인은 A: 선행자극이 더 중요한 결괏값으로 이야기하지만, 저자는 결괏값 C에 따라서 행동 B가 결정되는 이야기를 강조한다. 좀 더 이해하기 쉽도록 설명해준 도표다. 결괏값 C가 선행조건 A보다 결정적인 행동 B를 더 강화할 수 있다는 이야기다.

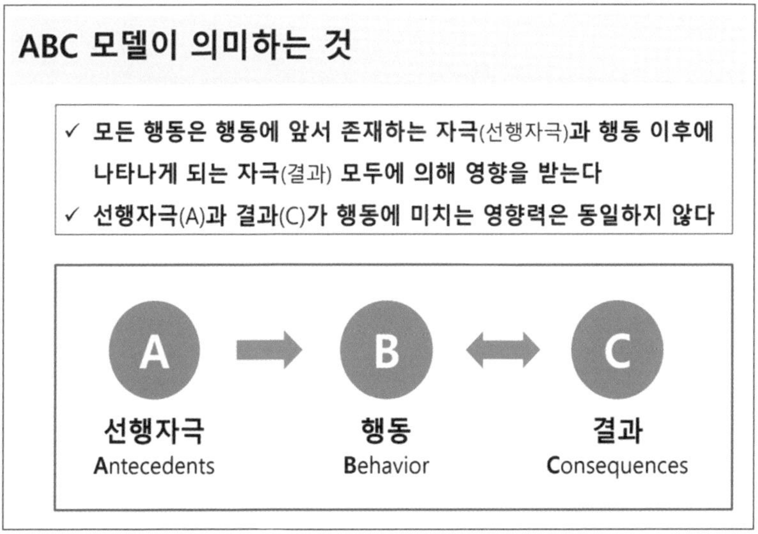

ABC 모델이 의미하는 것
✓ 모든 행동은 행동에 앞서 존재하는 자극(선행자극)과 행동 이후에 나타나게 되는 자극(결과) 모두에 의해 영향을 받는다
✓ 선행자극(A)과 결과(C)가 행동에 미치는 영향력은 동일하지 않다
A
B
C
선행자극
Antecedents
행동
Behavior
결과
Consequences

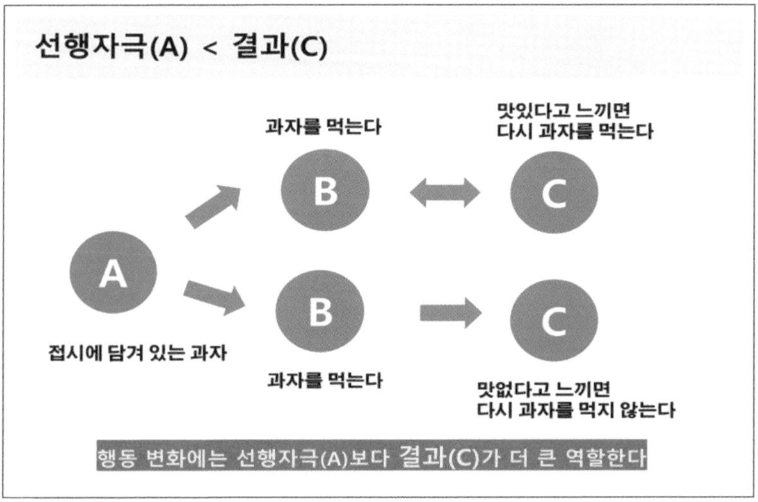

맛있다고 느끼면

접시에 담겨 있는 과자

맛없다고 느끼면
다시 과자를 먹지 않는다
행동 변화에는 선행자극(A)보다 결과(C)가 더 큰 역할한다

과자를 먹는다. 행동 B가 동일한데 C가 어떤 결과를 나타낼까? 여기서는 과자가 맛있다는 유무다. 과자가 맛있으면 더 먹는 행동으로 B를 강화한다. 먹는 것에 대한 피드백을 통해 더 다채롭고 맛있

는 음식들이 선보인다. 그 차별화 행동을 통해 동네가 인정한 핫플레이스로 등극한다. 외식만큼 행동 A.B.C 모델이 잘 적용되는 곳도 드물다.

독서분야도 외식분야처럼 행동에 따른 결괏값이 드라마틱하게 나오게 하는 방법이 없을까? 이 호기심을 지속적으로 가지면서 다음에 나오는 R.B.O 행동모델을 생각하게 되었다.

02 '탈Book' 마인드셋

독서 R.B.O 모델을 알면 활자중독에서 벗어날 수 있다

결국 행동도 그렇듯 책을 읽는 행위도 결괏값 아웃풋이 어떻게 나오느냐에 따라서 달라질 가능성이 크다. 인지 A.B.C 모델과 행동 A.B.C 모델을 통해 독서 R.B.O 개념을 생각하게 됐다. 적은 책을 읽고, 아웃풋을 내는 분들이 있다. 어떻게 가능한지 설명을 요구한다면 R.B.O 개념으로 설명할 수 있다. 좋은 설명 도구가 될 것 같다.

왜 책을 읽었는데 성과가 안 날까? 책을 읽는 행위만 자꾸 반복할까? 단골 질문들이다. 이 질문에 답하는데 많은 시간과 에너지를 소비했다. 그때 단비 같은 책을 만났다. '오세진 저자의 〈행동을 경영하라〉'라는 책이다. 세렌디피티 북이다. 예기치 않게 만난 귀중한 책이다. 한국에 행동유형분석 개념을 소개해 주신 오세진 박사께 지면을 통해 다시 한번 감사를 드린다.

행동유형분석에서 중심 개념으로 행동 A.B.C 모델이 있다. 그 모델을 독서에 접목해 보는 실험이 R.B.O 모델이다.

RBO 모델

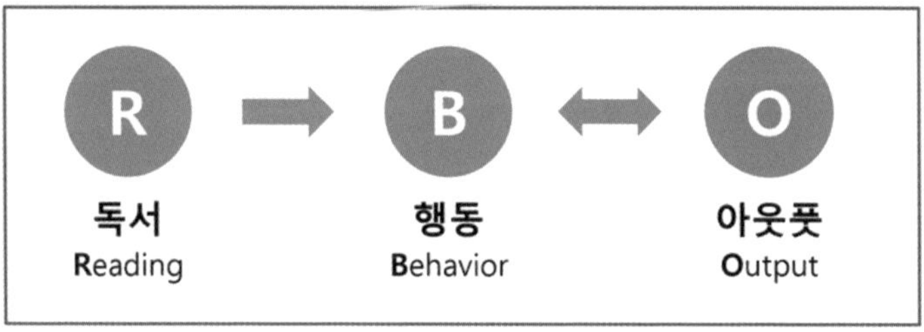

긍정적인 아웃풋이 늘어날수록 행동에도 긍정적인 영향력 미쳐서 행동이 증가한다

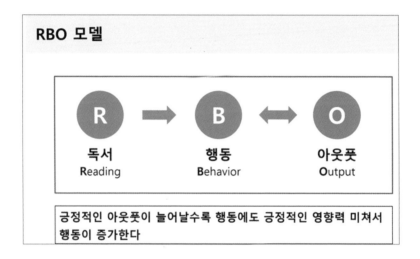

R : Reading, B : Behavior, O : Output이다. R은 책을 보는 것, B는 행동, O는 아웃풋이다. 당연히 행동모델 ABC 개념을 독서에 접목했다.

책을 다독하게 되면 결국 O는 좋은 결괏값이 나와야 한다. 그런데 현실은 달랐다. 책을 읽은 후 원하는 것을 얻지 못했다. 그 이유는 무엇일까? 얻지 못한 이유는 B[Behavior]에 달려 있다. 행동[Behavior]을 어떻게 하느냐가 아웃풋[Output]을 결정한다. '탈Book' 프로젝트에서 이 행동은 오.여.기(오늘 여기까지 읽고 행동하기) 미션에 해당한다. 오.여.기 미션이 궁금하신 분들은 이 장을 건너뛰어도 좋다. 챕터3 02의 오.여.기 미션부터 보고 와도 좋다.

1,000권을 볼 때보다 10권을 읽을 때 결괏값, 즉 아웃풋이 좋으면 결국 B의 행동이 옳다는 것을 깨닫게 된다. B[행동]를 구체적으로 업그레이드하는 선순환이 시작된다. 적은 책을 읽고 문제해결력이 늘어나는 것을 지켜본 사람들이 인정하면서 더욱 책 읽기에 재미를 붙인다. 또한 재미뿐 아니라 의미도 늘어난다. 의미를 알면서 하는 독서는 결국 아카데미 지식을 더 늘려준다.

이렇게 재미, 의미, 아카데미 3미 독서를 하게 되면, 결국 임계점에 도달한다. 임계점은 책 권수가 아닌 '아웃풋이 많이 나는 행동'에 달려 있다. 이 점을 알게 되었다면 많은 책을 읽겠다는 목표 수치를 조정하게 된다. 대신 그 절반 정도 읽겠다고 하면, 시간이 절반 생긴다. 책 보는 시간을 아껴서 적용하는 나의 행동을 바꾸어보자. 책 보는 행동을 바꾸어 결괏값 아웃풋을 달리 내보자.

이제부터 책을 읽는 자신의 방식을 점검해 보자. 당신이 읽었던 책 중에 가장 변화가 컸던 책을 찾아보자. 그때 당신은 어떤 행동을 했는지 떠올려보자. 정말이다. 그때 책을 본 방식을 리뷰해 보면 구체적 행동의 중요성을 느끼게 된다. 의외로 답은 당신이 쥐고 있다.

독서슬럼프 탈출
이렇게 쉬울 줄이야…

R.B.O 개념을 알면, 책 속 보물을 얼마든지 캐낼 수 있다. 이제 독서 행동 B를 찾아내어 체득하면 될 뿐이다. 구체적 행동 B를 만들 때 생산성 개념이 접목되면 좀 더 나은 아웃풋 O를 강화할 수 있다. 구체적인 실제 사례를 통해 R.B.O 모델을 배워보자.

'탈Book' 한 멤버가 주부우울증이 심했다. 체력도 바닥, 자신감도 바닥, 한마디로 총체적 난국이었다. 6개월간 집 안 청소를 시도했지만 늘 마무리 못했다.

〈청소력〉 저자 마쓰다 마쓰히로는 당신의 방을 보면 당신 자신이 보인다고 이야기한다. 마쓰다 마쓰히로는 여러 가지 고민이나 문제의 개선, 사업의 번영, 행복한 가정, 꿈의 실현이 청소를 통해 해결되는 힘을 청소력으로 이야기한다. 그녀가 나에게 보내준 집안은 정말 심란했다.

난 독서 R.B.O 모델을 접목해서 그녀에게 청소 지도를 시도했다. 추천해준 책은 조금 전 개념을 소개한 〈청소력〉이었다.

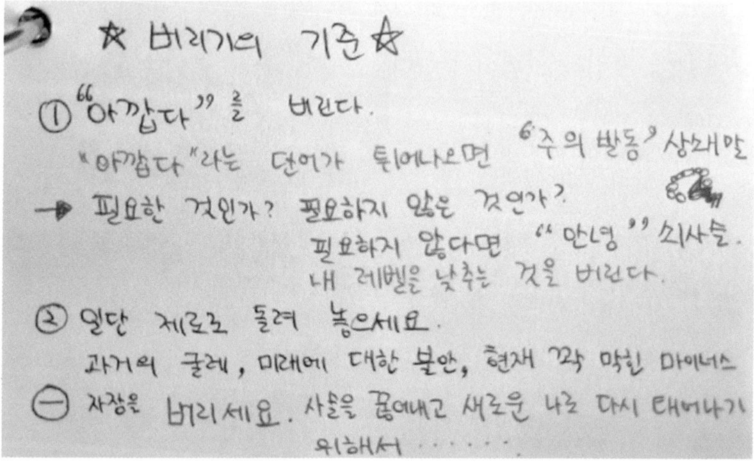
★버리기의 기준★
① "아깝다"를 버린다.
"아깝다"라는 단어가 튀어나오면 "주의 발동" 상태
→ 필요한 것인가? 필요하지 않은 것인가?
필요하지 않다면 "안녕" 쇠사슬.
내 레벨을 낮추는 것을 버린다.
② 일단 제로로 돌려 놓으세요.
과거의 굴레, 미래에 대한 불안, 현재 꽉 막힌 마이너스
㊀ 자장은 버리세요. 사슬을 끊어내고 새로운 나로 다시 태어나기
위해서……

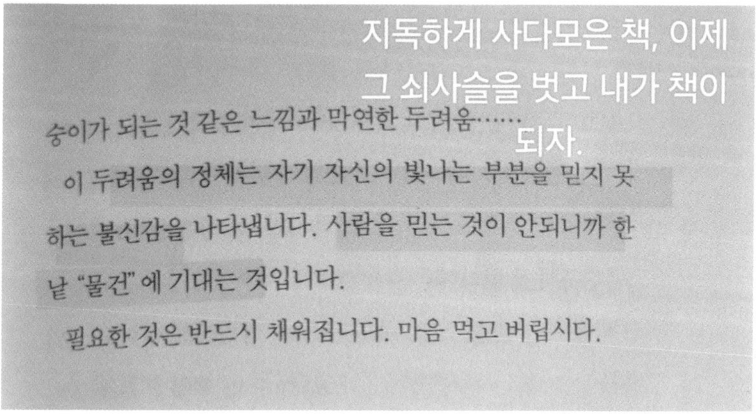
지독하게 사다모은 책, 이제
그 쇠사슬을 벗고 내가 책이
되자.
숭이가 되는 것 같은 느낌과 막연한 두려움……
이 두려움의 정체는 자기 자신의 빛나는 부분을 믿지 못
하는 불신감을 나타냅니다. 사람을 믿는 것이 안되니까 한
낱 "물건"에 기대는 것입니다.
필요한 것은 반드시 채워집니다. 마음 먹고 버립시다.

그녀의 집에는 과거의 물건들이 가득했다. 특히 책 사 모으기에 강했다. 온통 집안이 책으로 가득했다. 본인 말로는 책을 많이 가지고 있고, 읽게 되면 멋진 존재가 되지 않을까 하는 마음이 들었다고 한다.

난 그녀에게 R.B.O 방식을 지도했다. 충분히 지금 책을 보고 있

다. 그런데 그녀는 한 번도 청소에 관련된 책은 본 적이 없었다. 청소에 대한 부정적 느낌이 강했다. 그래서 그녀가 가진 청소에 대한 부정적 편견에 대해 변화를 줄 필요가 있었다. R(Reading): 청소력 책 15분 읽기, B(Behavior): (원 북-원 메시지-원 액션) 45분 행동하기, O(Output): 아웃풋 사진 요청, 이렇게 주문을 했다. 결과는 어떻게 되었을까?

몇 개월 시도했다 번번이 실패로 마무리했던 결괏값이 달라졌다.

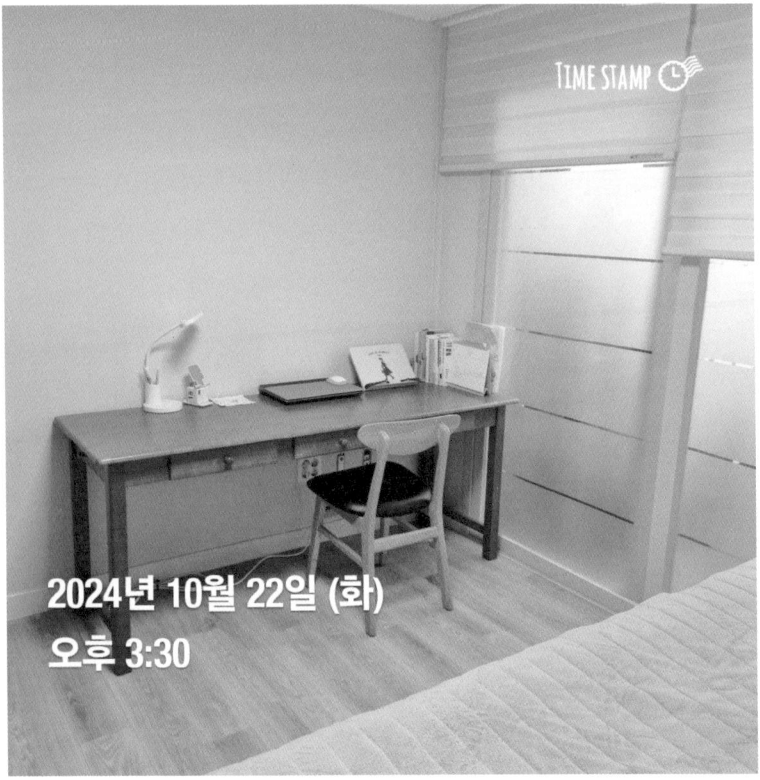

왜 이것이 가능했을까?

답은 행동 Behavior에 정확히 요청했다. 즉 〈청소력〉은 15분만 읽고, 45분 청소 행동하기 미션에 집중했다. 그리고 스스로 변화된 사진을 올리면서 스스로 정리가 잘된, 청소된 상태를 찍으면서 본인 마음속 감정쓰레기도 함께 버리게 된 것이다.

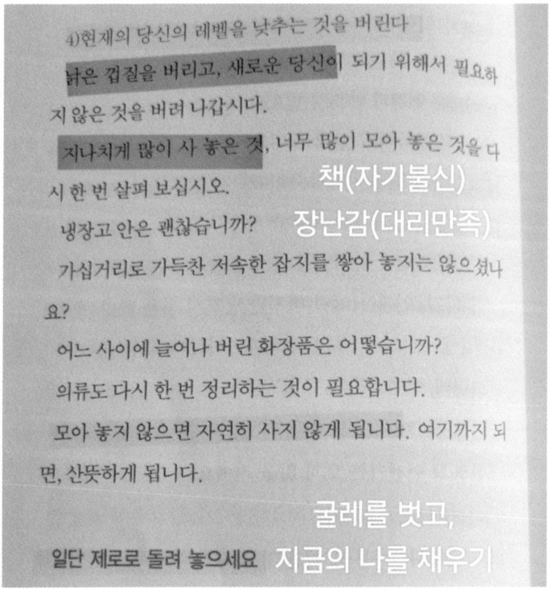
4)현재의 당신의 레벨을 낮추는 것을 버린다

낡은 껍질을 버리고, 새로운 당신이 되기 위해서 필요하지 않은 것을 버려 나갑시다.

지나치게 많이 사 놓은 것, 너무 많이 모아 놓은 것을 다시 한 번 살펴 보십시오.

냉장고 안은 괜찮습니까?

가십거리로 가득찬 저속한 잡지를 쌓아 놓지는 않으셨나요?

어느 사이에 늘어나 버린 화장품은 어떻습니까?

의류도 다시 한 번 정리하는 것이 필요합니다.

모아 놓지 않으면 자연히 사지 않게 됩니다. 여기까지 되면, 산뜻하게 됩니다.

일단 제로로 돌려 놓으세요

이주희 주부의 고질적 문제를 해결하게 되었다. 활자중독 책 읽기에 빠져 있던 그녀가 이젠 자신의 문제를 해결하면서 하는 아웃풋 되는 삶으로 변신했다. 책 읽기 중독에 갇혀 있던 그녀는 쇠사슬을 끊을 수 있었다. 정신력도 아니고 변화된 마음도 아닌 행동 B(Behavior)를 명확히 하게 한 후 아웃풋 O(Output)가 좋아졌다.

2024년 10월 22일 (화)
오후 3:29

2024년 10월 23일 (수)
오전 10:47

독서 시간만 늘린다고 생산성은 올라가지 않는다

인재양성컨설턴트이면서 일본 최고 조직혁신전문가 '이가 야스요' 저자가 있다. 그가 쓴 〈생산성〉(쌤앤파커스)을 보면 생산성은 기업 제1의 존재 이유라고 이야기한다. 투입자원을 늘리면 생산성은 떨어지게 된다. 책 읽는 행위가 많아질수록 아웃풋은 적어지게 된다. 즉 인풋을 줄이고 아웃풋이 많이 나게 하는 방법을 알게 되면 독서 생산성이 급격히 늘어난다. 최소의 투입자원을 넣을 때 성과가 높게 나오면 생산성은 높은 수치가 나온다.

〈생산성〉 31페이지에 생산성의 정의를 나타낸 표가 있다. 그 표를 한번 보자.

생산성의 정의

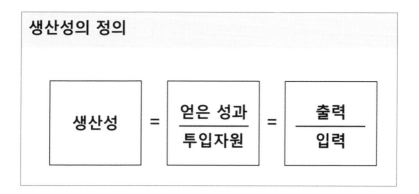

$$\text{생산성} = \frac{\text{얻은 성과}}{\text{투입자원}} = \frac{\text{출력}}{\text{입력}}$$

이 공식은 어떤 분야에도 적용할 수 있다. 기업에만 이 공식이 적용되는 것이 아닌, 개인에게도 똑같이 적용될 수 있다. 개인들이 생산성을 올리기 위해서 가장 많이 하는 방법이 일하는 시간을 늘리는 것이다. 그러면 분명 성과는 더 오른다. 하지만 생산성의 비율은 떨어진다.

8시간을 일해서 8만 원 매출을 올리는 사람이 있다. 그럼 시간당 1만 원 버는 셈이다. 그런데 이 사람에게 4시간 추가로 일을 시켰다고 하자. 10만 원 매출이 나왔다. 8만 원 매출/8시간=1의 값이 나오는 데 비해서, 10만 원 매출/12시간=0.83이 나온다. 즉 생산성이 0.17% 떨어진 셈이다. 눈으로 보는 돈은 2만 원이 늘었지만, 실질적 생산성은 떨어진 셈이다. 즉 어떻게 하면 8시간이 아닌 4시간을 투입해서 같은 8만 원 매출이 나오게 할까? 이게 바로 이가 야스오의 생산성 개념이다.

8만 원/4시간=2 값이 나온다. 무려 생산성이 100% 올랐다. 이런 생각이 결국 생산성 선순환을 만든다. 개인도 투입하는 시간이 줄어든다. 남은 시간을 이용해서 R&D 시간을 늘릴 수 있게 된다. 책을 읽는 시간을 줄여서 같은 아웃풋이 나오면 독서 생산성도 높게 나온다. 이 아이디어에 접목해서 '탈Book' 프로세스 책 읽기 방식이 나왔다.

읽는 시간을 늘리는 것은 투입자원에 해당한다. 5시간을 읽던 것을 3시간을 추가하면 결국 투입자원 8시간이 되는데 그만큼 아웃풋이 많이 나올까? 이론으로 당연히 아웃풋이 늘어나야 하지만 실상 별반 차이가 나지 않는다. 난 여기서 반대로 접근을 시도했다.

5시간 하던 독서를 3시간으로 줄이는 것으로 요청한다. 투입자원은 60% 줄어든 2시간 독서를 해보도록 한다. 그중 1시간은 15분 읽고, 45분은 실행한다. 그 이후 편안하게 1시간 본래 하던 대로 독서를 즐기면서 하면 된다. 기존 독서보다 3시간 정도 아낀 후 남은 3시간을 독서 이외에 다른 활동을 해보도록 권한다. 특히 책을 좋아하는 분들은 운동을 덜 하는 경우가 많아서 그중 일부 시간을 운동에 배정했는데 점점 체력이 좋아지면서 책을 읽을 때 집중도가 향상되었다는 피드백을 받았다. 결과적으로 책을 읽는 투입자원이 60% 줄었지만, 아웃풋은 하루에 작거나 크거나 한가지 아웃풋을 도출하도록 한다. 남은 3시간 삶의 밸런스 측면에서 R&D(Research and Development)라는 시간의 배정을 통해 폭넓은 삶을 살아갈 수 있도록 했다. 당신이 하던 독서 방법에 R.B.O 개념과 독서 생산성 개념을 조금 접목해 본다면 반드시 변화의 싹을 경험하게 된다.

Chapter

2

'탈Book' 코드 익히면 10년간 할 일 1년이면 족하다

01

'탈Book' 코드란?

북한을 탈출하는 탈북(脫北) 의미일까? 물론 이런 느낌으로 생각할 수 있지만, 전혀 다른 개념이다. 탈북(脫北)을 결심해서 국경을 넘기 시작하면 더 이상 돌아갈 방법은 없다. 즉 한마디로 "루비콘강을 건넌 것이다." 앞으로 돌이키기 힘든, 중대한 결과를 초래할 선택의 순간에서 결정을 내릴 때 사용하는 말이다.

탈북(脫北)과 '탈Book'은 같은 의미일 수 없지만, 탈북(脫北)할 때 마음으로 우리가 가진 문제를 적극적으로 1년간 탈Book해 보자는 의미를 생각했다. 그동안 책을 보았지만, 삶의 변화가 없던 분들에게 의도적으로 1년 동안 읽는 것보다 행동하는 것에 초점을 두어 삶의 실타래를 적극적으로 풀어보자.

즉 책을 무작정 많이 읽어서 임계점에 도달하는 방식이 아닌 책을 조금 읽고, 오.여.기 미션과 60일 집중아웃풋을 통해 더 빨리 임계점에 도달하는 방법이다. 당신 자신 문제가 아닌 독서 방법이 문제라고 생각한다. 그 해결책을 '탈Book', 이 책에 담았다. 하루 1시간, 365일을 해본다면 놀라운 아웃풋을 경험할 수 있다. 카이사르가 루비콘강을 건널 때 주사위는 던져졌다고 했듯, '탈Book'이 여러분 삶에서 그런 의미 있는 순간으로 기억되었으면 하는 마음이다.

'당연함'으로 보는 책이 당신의 성장을 막고 있다

감사함의 반대말은 불평, 비난이 아니다. '당연'이다. 이게 무슨 말인가? 초등학교 시험문제에 이 질문을 던지면 당연히 답은 불평이다. 그런데 지금 불평이 아닌 '당연'이라고 이야기한다. 그 사건의 발단은 2018년 일본 경영 연수에서 있었던 미팅이었다. 여러분들도 한번 이야기를 들어 보시면 수긍 여부를 판단하실 수 있다.

CEO분들과 연수를 가게 되었을 때 강소기업의 일본 측 경영진에게 질문을 했었다.

"요즘 어려운 문제가 무엇인가요?"

질문에 이사님은 머뭇거리면서 이야기를 꺼냈다. 처음에는 적은 인원 2~3명 규모였던 이 회사는 현재 2천 명이 넘게 성장했다. 당연히 매출은 5,000억이 나오고 순이익이 많이 나오는 알짜회사다. 한 달에 한 번 쉬지도 못했고, 복지 혜택도 전혀 없는 회사였다. 많은 선후배의 노력으로 복지가 잘된 회사에 선정될 만큼 일구어냈다. 요즘 입사한 신입들은 그것에 대한 고마움이 전혀 없다. 당연하게 여긴다. 그 마음이 제일 무섭다….

순간 내 입에서 나오는 외마디 한 단어는 "헐"이었다. 이사님의 이야기에 순간 머리가 멍했다. 그리고 닭살이 돋았다. 내가 놓치고 있었던 중요한 정신이 이것이구나. 내 삶 속에 당연이 가득하구나. 감사함의 반대말은 불평이 아닌 당연일 수 있겠구나! 싶었다.

신입사원이 지금의 복지를 당연하게 여기듯 책을 보는 독서가들도 당연히 여기는 것은 무엇일까? 책을 대하는 마음가짐이 아닐까 싶다. 보통 책 가격은 18,000~25,000원 내외다. 혹시 책의 가치를 딱 그 정도로 당연하게 여기는 것은 아닐까? 아프리카에는 '노인 한 명의 죽음은 도서관 하나가 없어지는 것과 같다'라는 속담이 있다. 학교나 책이 부족한 아프리카에서 교육은 주로 노인들의 옛이야기나 격언 전설을 통해 이루어지기 때문에, 노인의 경험과 지혜가 소중하다는 비유다. 그에 반해 우리가 사는 이 땅에는 책이 넘쳐난다. 언제든지 적은 돈으로 마음만 먹으면 살 수 있다. 그렇기에 책의 귀함이 상대적으로 줄어들지 않았나 싶다.

스스로 책을 평생 딱 50권만 소유하고, 읽는 것을 제한한다면 어떨까? 아마 이런 제한이 있다면 한 권을 볼 때마다 그 느낌은 지금과는 사뭇 다를 것이다. 이 질문을 하면서 집안 서재를 잠시 보았다. 처음에는 텅 빈 책장이었는데 수천 권이 넘는 책으로 둘러싸여 있다. 책을 보면서 물었다. 감사의 반대말로 당연이라는 비유를 설명할 책이 없을까? 책 제목을 모니터링했다. 거실과 내 서재에서 어슬렁어슬렁 다녔다. 그러던 중 책 한 권이 나를 사로잡았다. '사이토 다카시'의 〈일류의 조건〉 책이다.

사이토 다카시의 〈일류의 조건〉을 보면 비우지 못하는 사람은 절대로 더 배울 수 없다는 말이 있다. 일류가 되려면 배울 때 아무것도 모른다는 자세가 중요하다고 피력한다. 비움이 있는 사람만이 그 자리에 채움을 할 수 있다. 그 작은 차이가 일류가 되는 열쇠라고 저자는 이야기한다. 말로 하는 비움과 실제로 행동하는 비움은 그만큼 격차가 있다는 저자의 견해다.

배울 때 자신을 내려놓고 온전히 그것을 블랙홀처럼 받아들이는 사람은 적기 때문이다.

2만 원 책을 2억 원으로 만드는 방법

사이토 다카시 비움과 나의 당연함은 일맥상통한다. 내가 돈을 주고 구입했으니 당연히 내가 비판적으로 볼 수 있지 않은가? 그럴 수 있다. 내 마음대로 보는 것도 필요하지만, 저자의 노하우를 귀하게 배운다는 마음도 필요하다. 당연함이 아닌 고마움을 가지고, 저자의 지난 세월의 노력과 지식을 정리하는 과정에 감사함을 갖는 것이 중요하다. 이런 방법으로 지난 15년간 내 나름의 방식이 있다. 출판사와 작가가 정한 가격을 내 임의로 다시 가격을 매기는 방법을 시도하고 있다. 필자는 책 목차와 프롤로그 핵심 꼭지 2장을 읽고, 책 가격을 다시 적는다. 나름대로 몇 가지 조건을 가지고서 18,000원이 책의 소매가격이지만, 1,800만 원 또는 1억8천만 원으로 조정해서 적은 예도 있다.

책 가격에 100배, 1,000배, 10,000배를 붙이기도 한다. 왜 이렇게 가격을 높게 책정하는 것일까?

책 가격으로 생각하지 않고 저자와의 일대일 레슨으로 생각하고 책정한다.

그저 그런 책이 아닌 내 운명을 바꾸어 준 씨앗 책이 아닐까 기대감이 높을 때 가치를 반영한다.

저자의 평생 배움의 비용, 땀의 비용, 실패의 비용을 생각하고, 그를 반면교사 삼아서 나는 그가 이룩한 것을 조금 앞당길 수 있는 지름길을 제시한다고 할 때 높게 책정한다.

가격을 책정한 후 읽어보게 되면 가격이 당초 가격보다 내려가기도 하지만, 반대로 더 높아질 수 있다. 여러분도 프롤로그와 목차 그리고 핵심 꼭지 1, 2장을 보고 반드시 책 뒤표지 가격을 수정해 보는 것을 강력히 권한다. 그리고 옆에 왜 가격을 책정했는지 간단하게 몇 줄 적어두는 것은 생각보다 효과가 크다. '탈Book' 마인드셋의 출발요건이다.

참고로 1년간 여러분이 30권의 책을 본 후 가장 높은 가격을 책정한 책이 당신의 씨앗도서가 될 확률이 높다. 책 가격을 다시 붙이는 과정을 통해 당연함의 생각을 버리고 온전히 귀하게 책을 보고 싶은 환경 세팅이다.

탈북(脫北)에서 생사를 결정짓는 '망책'

"친구 따라 강남 간다는 말이 있다."

탈북(脫北) 이야기를 듣다 보면 그런 분들이 제법 있다. 그 친구가 부모일 수 있고, 정말 친구인 경우도 있다. 삶 속에서 우리가 누구를 만나느냐가 자기 삶의 엄청난 변화의 불씨가 된다는 것을 경험을 통해서 알고 있다.

누구를 만날 것인가? 꼭 그것이 책일 수도 있지만 사건, 영화, 만남일 수 있다. 동일하게 그것이 주어져도 소수만이 그것을 낚아챈다. 유독 소수만이 그 순간을 포착해서 기회를 잡는다.

수많은 기회를 다른 말로, 즉 점으로 표시해 보자. 매일매일 기회는 지나간다. 그 기회에서 매일 점(기회)실을 뽑아내어 꿰맬 때 시간이 흘러 옷감이 된다. 힘들게 그 기회를 잡아서 남한에 오게 되고, 지금은 성공한 떡집 사장님이 된 '최순실' 씨도 순간순간 점들을 연결해서 탈북민 사회에서 성공한 사업가로 자리매김하고 있다. 그녀는 잘못된 실을 뽑다가 결국 멋진 옷감을 만든 대표적 주인공이 되었다.

8번 북송되고 9번 만에 남한행에 성공했다. 지옥과 같은 수용소 생활을 해낸 이야기는 독자 여러분들이 검색해서 들어 보시면 좋겠다. 만약 그녀가 8번 시도 후 단념했다면 남한에서 그녀의 발자취는 볼 수 없었다. 그녀는 왜 다른 탈북자들에 비해서 탈북이 순조롭지 못했을까?

운도 부족했지만, 탈북과정에서 좋은 망책을 만나지 못했다. 망책으로 누구를 만나느냐에 따라서 탈북과정을 최소의 시도로 안전한 남한행이 결정된다. 독자분들은 '망책'이라는 말이 생소하게 느껴지는 게 당연하다. 북한말로 정보망이나 간첩망의 우두머리, 우리식 표현으로 브로커라는 말에 가깝다. 탈북(脫北)에는 국경별 브로커들이 필요하다. 점조직으로 구성되어 있고, 브로커들끼리 서로 모른다. 이 전부를 아는 사람이 '망책'뿐이다. 총괄 브로커다.

망책은 누가 하는가? 이미 힘들게 탈북하여 온 분들이 하는 경우가 많다. 망책은 오케스트라 지휘자 역할을 담당한다. 모든 참여한 분들을 잘 연결해야 한국까지 안전하게 올 수 있다. 자신들의 힘들었던 탈북경험을 살려 탈북 일을 돕고 있다. 단지 돈만 가지고 할 수 있는 일이 아니다. 한 생명을 죽음의 땅에서 살아 있는 곳으로 옮기고 싶은 진심이 없다면 중도에 포기하는 것은 다반사다.

책 속에서 '망책'을 만나 길을 물어보라

탈북과정에서 무수히 많은 변수가 있듯이 우리가 살아가는 현실에도 돌발상황이 많다. 그 어려운 일이 생길 때 '망책' 역할을 해주는 것 중 하나가 바로 '책'이 될 수 있다고 생각한다. 책은 우리보다 먼저 경험한 분들의 삶의 궤적이 들어 있다. 대신 글자로 적혀 있기에 모든 것을 다 이해하는 것은 시간이 소요된다. 스스로 체화하는 시간이 꼭 필요하다. 나도 어찌 보면 독서를 통해서 책 속에서 수많은 망책을 만났다. 힘들고 죽고 싶을 때 우연히 책 속에서 멋진 멘토가 되어준 망책을 만났다. 〈용서〉라는 책에서 '달라이 라마'라는 분을 만났고, 패배의식에 갇혀 아무것도 하지 못할 때 데이비드 호킨스 박사를 만나서 〈의식지도 해설〉(판미동)를 알게 되었다. 의식은 20~1000 수준으로 나뉘는데, 2009년 당시 50 전후의 무기력하고 절망의 의식에 갇혀 있었다. 그 책을 통해 200, 용기라는 수준 이상으로 변하지 않고서는, 이 어려움을 돌파할 수 없다는 깨달음을 받았다.

그렇다면 나처럼 의식 50을 지니고 있던 인생 루저에게 200을 넘어서 310 자발성 이상으로 올라간 선배 멘토, 즉 망책이 필요했다. 그때 만났던 분이 앤서니 라빈스였다. 198cm가 넘는 큰 키에 평범한 26세였고, 허름한 10평 아파트에 독신이면서 욕조에서 설거지를 했고, 인간관계도 엉망인 저자는 나와 공감이 많이 된 망책이었다. 라빈스는 〈무한능력〉 444페이지에서 부와 행복을 이루기 위한 첫 번째 열쇠로 좌절감을 다루는 법을 배워야 한다고 이야기했다. 좌절감에 절어 있는 나에게 그 책은 어둠 속 동굴에서 터널로 나오는 한 걸음이 되어주었다.

달라이 라마, 데이비드 호킨스 박사, 앤서니 라빈스 이외 정말 많은 망책 분들을 통해 어둠의 길에서 나올 수 있게 되었다. 2007년 인생의 나락에서 2025년 평범함의 이상을 누리는 지금까지 파노라마처럼 지난 시간이 떠오른다. 내가 책 속에서 귀한 망책을 만난 것처럼 이젠 여러분들도 그런 귀한 분들을 만났으면 싶다.

그분들의 가르침에 따라서 많은 시도를 해보면서 성공보다는 실패가 훨씬 많았다. 분명 그분들의 가르침 덕분에 다람쥐 쳇바퀴에서 벗어날 수 있었지만, 너무 오랜 기간 많은 책을 읽어야만 하는 인내가 길었다.

분명 '책 속에 길이 있다'라는 말은 반은 맞는 말이다. 그렇다면 나머지 반은 무엇을 채워야 할까? 아직 나머지 반에 대한 해답을 찾지 못한 분들이라면 '탈Book' 코드를 통해 채울 수 있다. 그 방식을 통해 '망책'을 만나는 행운을 거머쥘 수 있다. 힘들고 어렵겠지만 함께 '탈Book' 정신을 가지고 매일 매주 매달 발생하는 삶의 문제에 직면하자. 한해 읽은 책 중에서 3명의 '망책'을 선정하고, 공통되는 강점 교집합을 찾자. 그 핵심을 익히게 되면 나도 어느 순간 '망책'으로 선정한 사람과 같거나 비슷한 모습의 자신을 만나게 된다.

02

읽기만 하는 독서에서 탈출하라

책을 읽고 실행하지 않으면 3감이 생긴다

한국은 어느 나라보다 경쟁이 치열한 나라다. 그렇기에 자기계발 역량이 선택이 아닌 필수로 요구된다. 우리 세대는 그나마 좀 나은 편이다. 자녀들 세대는 생존 경쟁을 넘어 생존 전쟁일 수 있다. 자녀도 자녀지만 부모부터 준비해야 한다. 부모의 뒷모습을 보고 자녀들은 살아갈 자양분을 얻는다. 자본주의 사용설명서, 남들보다 더 나은 경제적 자유를 위한 커리큘럼을 배워본 적 없다. 99% 사람들이 대학교 졸업 이후 엄청난 수업료를 지불하고 배운다. 그 수업료와 잃어버린 시간을 고려한다면 국가적 큰 손실이다.

소 잃고 외양간 고친다는 말이 있다. 그 농부가 우둔하다고 생각한다. 농부 못지않게 우리도 소중한 재산(소)을 잃었다. 우리는 소를 잃었어도 자녀들은 그렇지 않도록 어릴 때부터 경제적 교육을 시켜야 한다. 책 이외의 영상을 활용해서 함께 공부하면 좋다. 요즘 아이들은 눈 이외 귀로 배우는 환경이 많다. 아이들이 영상 이외 책을 통해서 문제해결 방법을 익히게 해주면 생존 필살기가 되어줄 것이다. 영상과 미디어가 줄 수 없는, 책만이 주는 가치가 있다. 일단 책은 처음부터 마지막까지 일관성이 있다. 그 분야 최고 전문가에게 저렴한 비용으로 배울 수 있다. 깊고 심도 높은 주제를 책만큼 많이 전달해 주는 매체는 없다. 이런 독서의 유익함을 자녀들이 가져가도록 도와야 한다.

책이 분명 도움이 되지만 책을 보지 않는 분 중 두드러진 아웃풋을 내는 분들이 많다. 그래서 자칫 잘못하면 책을 읽을 필요가 없다고 생각할 수 있다. 그분들을 관찰해 보면 책 대신 잘하는 사람을 연구한다. 책을 보듯 그분들 이야기를 허투루 듣지 않는다. 즉 다른 말로 말하면, 그들도 책을 읽는 것과 같다. 움직이고 살아 있는 책(사람)을 통해 배운다. 결국 같은 맥락일 수 있다.

왜 책을 자주 읽지 않는 분들이 오히려 책을 많이 읽는 분들에 비해서 아웃풋을 내는 경우가 많을까? 이 질문이 이 책 전반에 던지는 화두다. 한마디로 말하면 책을 읽는 것이 문제가 아니라 읽은 후 행동하지 않는 것이 문제다.

어떤 행위를 하기 위해서 8시간을 사용하는데 책 읽는데 7시간

57분을 사용하고, 현실 적용은 3분도 하지 않는다. 즉 인풋 행위에 지나칠 정도로 시간을 할애한다. 아웃풋을 위한 행동을 늘려야 한다.

왜 그러면 책을 읽고 실행하지 않을까? 실패에 대한 트라우마가 떠오르기 때문이다. 결과에 대한 실패가 예상되기에 자꾸 미룬다. 읽은 것만으로 이미 한 것처럼 느껴지는 마법에 현혹된다. 읽는 것에 자신이 써야 할 에너지를 80% 사용해 버린다. 남은 에너지로 조금만 하면 지쳐 버린다.

독서도 초심자 행운 구간이 있다. 처음 책을 읽게 되면 모든 것이 신선하다. 조금만 적용해도 삶에 변화가 느껴진다. 점점 쉬운 적용은 없어지고, 난이도 높은 문제들이 대기하는 상황에 직면한다. 저자가 이야기하는 원포인트레슨을 내 문제에 접목하면 다른 결과물이 나온다. 이때부터 헷갈리기 시작한다. 이 현상을 쉽게 설명하면 학교 다닐 때 이미 우리는 해보았다. 공부 잘하는 상위권 아이들은 이 방식을 철저히 피한다. 그러나 중위권 학생들은 자율학습 시간에 분명 자신이 약한 분야 미적분을 공부하겠다고 하지만 잠시 후면 쉬운 다른 이차방정식 수학을 풀고 있다. 분명 본인은 수학공부 2시간을 했다. 향후 이 학생은 본시험에서 결과는 불을 보듯 뻔하다. 이 현상이 독서에서 똑같이 재현된다. 한마디로 회피다.

학창시절 열심히 엉덩이 힘으로 공부했던 학생은 사회에 나와서도 비슷하다. 책도 열심히 읽고 그가 쓰는 플래너를 보게 되면 빽빽하다. 그 기록물을 보면 남들보다 훨씬 일 잘하는 사람으로 보일 수 있다. 하지만 주변 사람들 평가는 성과를 잘 내는 인물로 보지 않는다. 그런데 그 사람 주변에 일 잘하는 '하이퍼포머'(고성과자)라고 말하는 사람은 적을 가능성이 크다. 남이 무어라 말하는 것보다 자기 스스로 느끼는 것이 중요하다고 항변할 수 있다. 초반에는 자신만의 설득이 잘 먹힌다. 그런데 시간이 지날수록 불안감, 불신감, 자책감, 즉 3감이 늘어난다.

감 중에 제일 맛있는 곶감도 있지만, 땡감도 있다. 땡감은 소주로 우려내어 맛있게 먹거나 곶감을 만들 수 있다. 그에 비해서 3감은 점점 자신의 현재 미래를 갉아먹는다. 우린 나쁜 3감을 버리고 자존감, 자기효능감, 성취감, 이렇게 좋은 3감으로 교체를 해야 한다. 좋은 3감은 매일 0.01% 좀 더 어려운 문제를 만나더라도 자신의 역량을 키워 가면서 익어 간다.

당신은 지금 지독한 지식변비에 걸려 있다

책을 통해 생활 속 문제들을 해결하는 경험이 필요하다. 즉 걸림돌 상황을 디딤돌 상황으로 바꾼 경험이 소중하다. 그 경험을 직접 하면서까지 수업료를 낼 필요는 없다. 먼저 경험한 선배들의 지식을 모방하고 응용하여 시간과 돈을 절약할 수 있다. 자신이 처한 문제를 해결하기 위해서 열심히 연구하고 준비했다. 실제 결과는 참혹했다. 자신이 생각한 기대보다 아웃풋이 나오지 않으면 답답하다. 일상생활에서 화장실 다녀왔는데 잔변감이 남은 것처럼 말이다. 책을 읽는데 머리가 오히려 미로처럼 된다. 이것은 필자가 생각하는 지식변비 체크리스트 중 하나에 해당한다.

지식변비란? 닥치는 대로 읽었고, 그때마다 적용하지만, 점점 문제는 꼬여 가는 현상을 뜻한다. 책을 읽어서 아무런 도움이 되지 않는다면 지식변비일 가능성이 크다. 지식변비는 신체변비보다 더 고치기 힘들다. 변비는 변비에 좋은 약과 처방들이 많이 소개되어 있다. 그에 비해서 지식변비는 고치기 정말 힘들다.

그럼 먼저 신체변비부터 개념과 증상을 알아보자. 신체변비의 개념을 통해 지식변비 개념을 유추할 수 있다. 매일 변을 보면 우린 자칫 자신이 변비가 아니라고 생각할 수 있다. 매일 대변을 보지만 딱딱한 변과 소량의 토끼 똥 같은 모양 그리고 오랜 시간 화장실에서 머물게 되면 우린 변비라고 이야기한다. 좀 더 객관적인 변비를 알기 위해서 2016년 로마진단기준이 소개된 내용이 있어 그 개념을 적용해서 변비를 체크해 보자. 느낌이 아닌 체크리스트로 변비를 진단해 보자.

첫째는 배변할 때 무리한 힘이 필요한 경우다.

두 번째는 대변이 과도하게 딱딱하게 굳은 경우다.

세 번째는 불완전 배변감이 있는 경우다.

네 번째는 항문, 직장의 폐쇄감이 있는 경우다

다섯 번째는 좀 심각한 경우다. 혼자 힘으로 안 되어 대변을 파내거나 회음부를 눌러야 하는 손동작이 필요한 경우다.

여섯 번째는 일주일 3번 미만의 배변횟수가 있는 경우다.

이 중 2가지가 체크된다면 변비가 있다고 의심 또는 진단할 필요성이 커진다. 변비가 생기는 원인은 다양해서 일차적으로 말하는 것은 어렵다. 또한 질환이 진행되면서 부가적으로 나온다. 예를 들면 당뇨병, 갑상샘 기능저하, 다발경화증, 척추병, 파킨슨병, 장 관련 질환이 있을 때 함께 변비가 생긴 경우도 보고가 되고 있다.

고려대학교 안암병원 조경환 교수의 말을 빌리면 밀가루에 포함된 글루텐 성분은 지나치면 수분을 빨아들여 소화장애와 변비를 유발한다. 단순당, 즉 초콜릿, 과자 · 설탕과 같은 것들도 변비의 최대 적으로 꼽히고 있다. 식이섬유, 유산균이 풍부한 제철음식으로 변비에서 탈출하자. 나쁜 인스턴트 음식도 줄이면 더 좋다.

이제 생활변비를 알았으니 지식변비를 알아보자. 앞에서 지식변비 정의를 소개했다. 향후 '탈Book' 프로젝트에서 반드시 해결해야 하는 것이 지식변비 문제다. 이것을 해결해야 독서 아웃풋이 달라진다. 생활변비 체크리스트가 활용하듯 지식변비 체크리스트가 있다면 지금 독서 상황이 어떤지 짐작할 수 있다.

지식변비 체크리스트

1. 책을 읽는 행위에 에너지를 전부 사용한다. (　　)
2. 책을 읽고 적용할 아이디어가 거의 생기지 않는다. (　　)
3. 책을 읽고 나면 읽었다는 기분은 들지만 묘하게 기분이 안 좋다. (　　)
4. 성장하지 못하고 다람쥐 쳇바퀴에 걸려든 것처럼 느낀다. (　　)
5. 누군가 도움이 없으면 책을 읽고 적용을 하지 못한다. (　　)
6. 책을 읽은 후 일주일에 작은 실행을 3번 이하로 시행한다. (　　)
7. 책을 읽는데 최근 점점 미로 속에 갇힌 기분이 든다. (　　)
8. 자신의 고민을 해결하려고 책을 읽었는데 무슨 책이었는지 생각이 안 난다. (　　)
9. 책을 본 후 기록이 여기저기 돌아다닌다. 즉 한 권에 정리가 안 되어 있다. (　　)

5가지 이상 체크된다면 : 지식변비 중 상

3가지 체크되면 : 지식 변비 예비단계

1~2개 체크되면 : 보통

체크해 보았다면 여러분들이 지금 어느 상태인지 파악할 수 있다. 알고 행하지 않으면, 지식변비는 더 심해진다. '탈Book'방 오시는 분들에게 반드시 지식변비 체크리스트를 실시한다. 그때 했던 내용을 캡처해 두었다. 많은 분 중 대표적인 2~3분을 선별했다. 보시면 여러분들도 공감되는 내용이 있을 것이다.

지식변비 체크리스트

1. 책을 읽는 행위에 에너지를 전부 사용한다.
2. 책을 읽고 적용할 아이디어가 거의 생기지 않는다
3. 책을 읽고 나면 읽었다는 기분은 들지만 묘하게 기분이 안좋다
4. 성장하지 못하고 다람쥐 쳇바퀴에 걸려든 것처럼 느낀다.
5. 누군가 도움이 없으면 책을 읽고 적용을 하지 못한다.
6. 책을 읽은 후 일주일에 작은 실행을 3번 이하로 시행한다.
7. 책을 읽는데 최근 점점 미로속에 갇힌 기분이 든다.
8. 자신이 고민이 되는 해결책을 읽었는데 무슨 책이었는지 생각이 안 난다.
9. 책을 본후 기록이 여기저기 돌아다닌다. 즉 한권에 정리가 안 되어 있다.

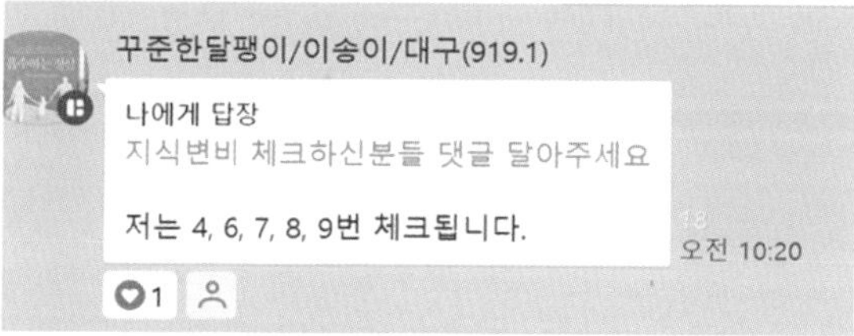
꾸준한달팽이/이송이/대구(919.1)
나에게 답장
지식변비 체크하신분들 댓글 달아주세요
저는 4, 6, 7, 8, 9번 체크됩니다.
오전 10:20
1

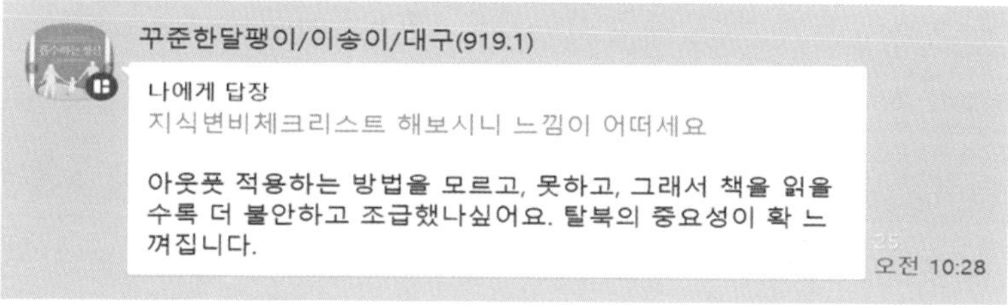
꾸준한달팽이/이송이/대구(919.1)
나에게 답장
지식변비체크리스트 해보시니 느낌이 어떠세요
아웃풋 적용하는 방법을 모르고, 못하고, 그래서 책을 읽을수록 더 불안하고 조급했나싶어요. 탈북의 중요성이 확 느껴집니다.
오전 10:28

지식변비 체크리스트

1. 책을 읽는 행위에 에너지를 전부 사용한다.
2. 책을 읽고 적용할 아이디어가 거의 생기지 않는다
3. 책을 읽고 나면 읽었다는 기분은 들지만 묘하게 기분이 안좋다
4. 성장하지 못하고 다람쥐 쳇바퀴에 걸려둔 것처럼 느낀다.
5. 누군가 도움이 없으면 책을 읽고 적용을 하지 못한다.
6. 책을 읽은 후 일주일에 작은 실행을 3번 이하로 시행한다.
7. 책을 읽는데 최근 점점 미로속에 갇힌 기분이 든다.
8. 자신이 고민이 되는 해결책을 읽었는데 무슨 책이었는지 생각이 안 난다.
9. 책을 본후 기록이 여기저기 돌아다닌다. 즉 한권에 정리가 안 되어 있다.

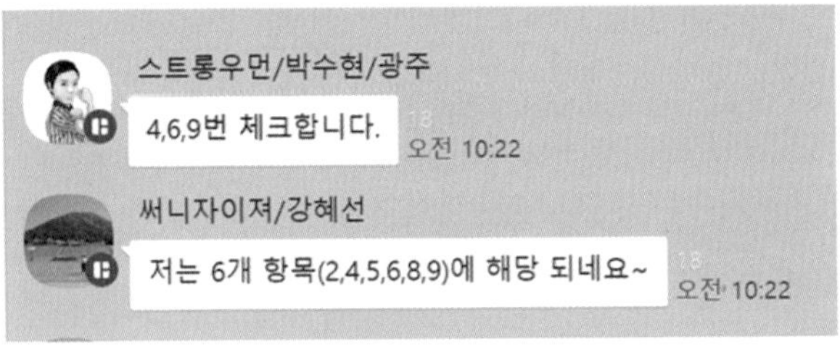
스트롱우먼/박수현/광주
4,6,9번 체크합니다.
오전 10:22
써니자이져/강혜선
저는 6개 항목(2,4,5,6,8,9)에 해당 되네요~
오전 10:22

셀프체크는 정말 중요하다. 방향 점검이 없다면 산속에서 원형방황을 하는 것과 같다. 계속 걸었지만, 시간이 지나서 보면 그대로다. 책을 좀 읽었다는 분들을 체크해 보면 자신의 잘못된 독서 형태를 발견할 수 있다. 다른 사람의 지적질이 아닌 스스로 했기에 후폭풍이 적다. 병원에서도 가장 많은 시간이 진단에 소요된다. 진단이 안 되면 치료 시간이 오래 걸린다. 지식변비 체크하면 고질적 독서 문제 치료가 가능해진다.

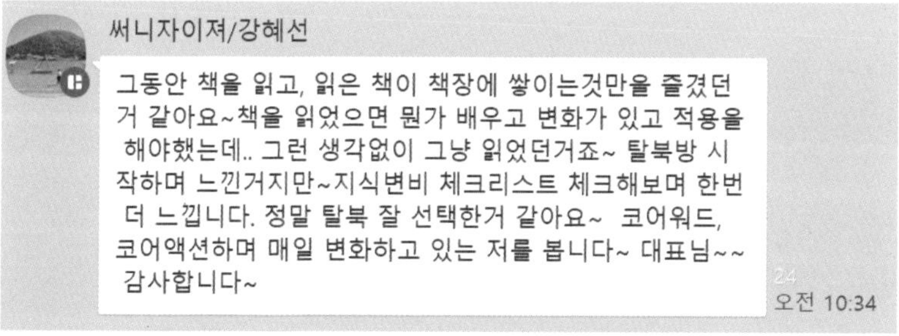
써니자이져/강혜선
그동안 책을 읽고, 읽은 책이 책장에 쌓이는것만을 즐겼던 거 같아요~책을 읽었으면 뭔가 배우고 변화가 있고 적용을 해야했는데.. 그런 생각없이 그냥 읽었던거죠~ 탈북방 시작하며 느낀거지만~지식변비 체크리스트 체크해보며 한번 더 느낍니다. 정말 탈북 잘 선택한거 같아요~ 코어워드, 코어액션하며 매일 변화하고 있는 저를 봅니다~ 대표님~~ 감사합니다~
24
오전 10:34

당신도
북.성.맨이 될 수 있다

지식변비 증상을 개선하면 여러분들은 북.성.맨이 될 수 있다. 「북.성.맨」이라는 말의 의미는 책을 통해 성장하는 사람이다. 책[북]을 통해 아웃풋을 내는 체질로 개선하자. 우리 주변에 이런 멋진 분들이 있다.

그럼 언제 여러분이 북.성.맨이 된 것을 알 수 있나요? 당신이 책을 읽고 본격적으로 달라지겠다는 결심을 한 후 시간이 흘렀다.

어느 날 지인들로부터 너 달라졌다고 확실한 피드백을 받았다면 북.성.맨으로 체질이 변하는 중이다.

어떻게 하면 체질이 변할 수 있을까? 주변에 북.성.맨 3명을 찾아보자. 친한 지인 중에는 없는 경우가 많다. 그럼 어떻게 찾을 수 있는가? 책을 많이 읽는 곳에 가면 만날 가능성이 높다. 일단 책을 좋아하는 독서모임 또는 자기계발에 관심이 많은 곳을 소개받자. 요즈음 줌으로 무료로 진행하는 곳이 많다. 그곳에서 3명 정도 역할 모델을 찾았다면 솔직하게 도움을 요청하자.

3분을 만나서 여러분들이 물어야 할 질문 팁을 소개해 드린다.

1. 책이 힘든 그들에게 구체적으로 어떤 도움이 되었는지 물어보자.
2. 책을 읽다가 슬럼프에 빠졌을 때, 증상은 어떤 것이 있었는지 물어보자.
3. 그 슬럼프를 이겨낸 방법을 물어본다.
4. 책을 읽어도 문제 해결 기미가 보이지 않을 때 어떻게 하는지 물어보자.
5. 결정적으로 힘들 때 극복하는 데 도움이 된 씨앗도서 1권을 추천받는다.

이외 추가로 자신이 묻고 싶은 것을 물어보면 된다.

북.성.맨 그들도 올챙이 시절이 있었다. 그렇기에 롤모델 올챙이 시절을 통해 나의 현주소를 파악하는 것이 중요하다. 저 사람도 했는데 나라고 안 될까? 이런 마음이 들면 반은 성공이다.

학창 시절 공부 때문에 방향을 잡지 못할 때 도움을 주는 시스템이 풍부했다. 그에 반해서 사회는 스스로 해결책을 찾아야 한다. 왜 이렇게 객관식(정답)이 아닌 주관식(해답) 문제를 풀기가 힘들까? 우리나라 교육체계와 밀접성이 높다고 생각한다. 답이 정해진 정답중심의 교육이 획일적 사고를 강화했다. 학교와 달리 사회는 가설사고 능력이 필수다. 진행하면서 수정하고 다시 시도하면서 방향을 좁혀가는 특성이 있다. 즉 명확하게 한방에 되는 경우는 적다. 학교 공부는 단순계에 의한 공부 학습이라면 졸업 이후 사회와 직장은 복잡계로 이루어진 상황이 많다. 다른 사고, 다른 행동이 필요하다. 운전을 하다 보면 익숙한 길은 네비게이션 없이 충분히 가능하다. 초행길은 네비게이션 도움이 없다면 방향을 잃기 쉽다.

지금까지 내가 가진 암묵적 지식으로 해결하여 푸는 것은 익숙한 길에 비유할 수 있다. 어려운 문제, 처음 접하는 문제는 초행길과 비슷한 효과가 발생한다. 안 가던 길을 먼저 가본 사람의 도움을 받는 것이 중요하다. 어려운 문제일 때는 주변 상사 또는 지인들의 현장지도가 큰 몫을 차지한다. 하지만 모든 것을 물어서 할 수 없는 경우가 점점 많아진다. 이유는 상사도 자신이 해야 할 문제가 넘치고, 동료도 일이 많아진다. 즉 스스로 문제 해결을 주체적으로 시도해야 한다. 전문지식과 패턴이 없다면 그만큼 길을 잃을 가능성이 커진다.

북.성.맨이 되기 위해서는 자신만의 서재가 필요하다. 북.성.맨의 조건은 해결했던 경험의 실무지침서가 된 책을 소장하는 것이다. 일반 100권 책보다 문제 해결의 도움을 준 10권을 갖고 있는 것이 북.성.맨이 되는 조건에 유익하다. 언뜻 100권이 10권보다 더 강력할 것 같은데 10권이 더 도움이 된다는 것일까?

학교 다닐 때 공부 잘한 아이의 필기 노트를 복사해서 공부하면 나도 그 친구처럼 높은 성적을 기록할 것 같다. 막상 그 친구의 필기를 보고 공부하면 그와 같은 일은 잘 생기지 않는다. 왜 그럴까? 필기하면서 친구는 자신의 생각대로 정리가 된 것이다. 친구는 이해하면서 노트를 했다면 자신은 무조건 그 노트지식을 암기해야만 한다. 쉽게 휘발성으로 기억은 사라지게 된다. 만약 그 친구의 노트를 보고 다시 자신이 이해하면서 노트를 작성한다면 그 부족함을 채울 수 있다.

이 원리처럼 자신이 손때 묻히면서, 현장에서 조금이라도 접목했던 책은 특별하다. 특히 10권의 책들 중 내 삶에 큰 영향을 준 저자의 책은 반복 읽기를 통해 더 깊은 솔루션을 얻게 된다. 부수적으로 그 저자의 신작이 나오면 서점에서 우선적으로 고르는 안목도 생기게 된다. 호기심이 가득한 채 그 저자의 책을 열었을 때 전작에서 막혔던 부분에 대한 힌트가 발견되면 뇌에서 엄청난 엔돌핀이 생성된다.

바로 그 자리에서 책을 엄청난 속도로 읽는 자신을 발견하게 된다. 일주일 만에 한 권 읽던 자신이 그날 오후에 한 권을 독파하는 최초의 경험을 하게 된다. 7일에 걸쳐서 의무적으로 보던 자신이 하루 만에 한 권을 읽는 적극적 독서가 되면서 남은 6일은 그 책에서 읽고 적어놓은 아이디어를 실행하는 데 6일을 사용하기에 그 어느 때보다 아웃풋이 남다르게 된다. 즉 이젠 당신도 북.성.맨의 단추를 여는 첫 번째 주인공이 될 수 있다.

삶은 디딤돌이 아닌 걸림돌에 의해 결정된다

평범한 사람이 비범한 사람으로 변하는 것은 생각보다 어렵다. 대신 평범한 행동을 비범한 행동으로 바꿀 수는 있다. 갑자기 영화처럼, 드라마처럼 주인공이 되는 것은 어렵다. 그렇기에 내가 하는 일에 대한 생각전환이 필요하다.

내가 하는 '내 일[work]' 속에 '내일[tomorrow]'이 결정되는 열쇠가 숨겨져 있다.

내 일을 잘 들여다보면, 내일[미래] 가능성이 숨겨져 있다는 말이다. 지금 하는 일이 미래에 어떻게 연결될지 모른다. 그렇기에 지금 하는 일을 허투루 생각하면 안 된다. 현대 정주영 회장도 처음 쌀가게로 출발했고, 이병철 회장도 정미소로 시작했다. 대신 그분들은 그 일을 남다르게 했다. 문제를 해결하는 경험을 축적하는 사람이 결국 일을 낸다. 일내는 사람을 난 마스터키로 비유하고 싶다. 그 마스터키는 문제를 만나서 해결하는 과정에서 만들어진다. 엄청난 문제를 만나서 힘들 때는 내가 가진 이상의 역량이 있어야 한다. 이때 대부분 멘붕이 온다. 산과 같은 걸림돌이 막고 있다고 느껴져서 주눅이 든다. 문 구멍에 맞는 열쇠가 따로 노는 현상이 비일비재하다.

같은 방식으로 계속 돌리면 문과 열쇠는 결국 고장이 난다. 그렇다면 대안이 없을까? 문제를 벽으로 인식할지, 문으로 인식할지 판단이 중요하다. 벽이라고 생각하면 걸림돌, 문이라고 생각하면 디딤돌이 된다. 힘든 때일수록 직면하는 것이 중요하다. 큰 문제면 쪼개는 것부터 시작한다. 큰 돌을 쪼개서 작은 바위와 자갈, 모래로 바꿔야 한다. 그렇게 하면 작은 것부터 옮길 수 있게 된다. 이 과정에서 숨겨진 내 역량이 드러난다. 다양한 문제 해결 경험이 저장된 창고는 당연히 책이다.

책 속에서 문제를 대하는 자세, 관점을 눈여겨볼 필요가 있다. 문제에 대한 관점을 익혀 내 문제에 살짝 시도해 보는 것부터 출발하면 된다. 상황과 조건이 달라 책대로 되지 않을 확률은 높다. 대단하게 접근하기보다는 가볍게 하는 것을 권해 본다. 그래야 실행의 부담감을 줄일 수 있다. 내가 자주 시도하게 되면 예기치 않은 손길과 도움이 찾아온다.

삶이라는 단어 Life 안에 if가 들어 있다. if는 디딤돌의 조건보다 걸림돌의 if로 이겨낸 사람이 전문가로 성장할 가능성이 크다. 디딤돌은 내가 해낸 것도 있지만, 태어났을 때부터 주어진 경우도 있다.

외모, 부모님 재산, 운동신경은 선천적인 디딤돌이다. 그렇기에 선천적 디딤돌이 불리하게 태어난 사람이 삶 앞에 불리한 경기를 하게 되는 것은 사실이다. 선천적으로 가진 것 때문에 오히려 살아가면서 경쟁력을 발휘하지 못한 환경에 처할 수 있다.

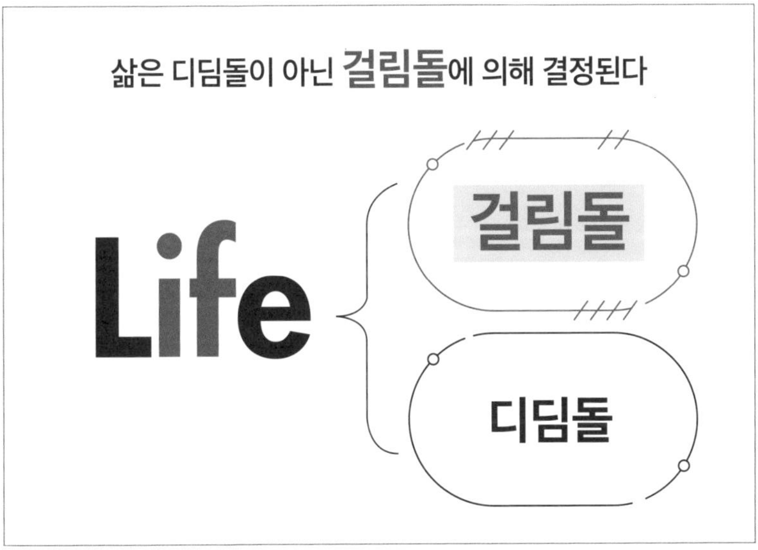

사회에서 통념으로 나오는 말 중 '부자가 3대 가기 어렵다'가 있다. 왜 그럴까? 할아버지는 역경을 이겨낸 걸림돌의 승리자다. 그나마 아버지는 걸림돌을 이겨낸 경험을 직간접적으로 경험했다. 하지만 손자는 풍요와 완벽한 상황에서 자랐기에 두 분의 걸림돌을 이겨낸 경험을 보지 못했다. 삶의 걸림돌을 넘어보지 못해 생존경쟁에서 밀려서 결국 부를 지키지 못한다고 생각한다. 성과 내는 책 읽기 팁이 있다. 책 속에서 걸림돌 상황을 만난 저자 분들이 했던 행동을 잘 정리해 두자.

3분만 실행하면 부담감이 30% 줄어든다

디딤돌 상황이 아닌 걸림돌 상황에서 어떻게 돌파할 기회를 잡을 수 있는가? 질문과 호기심 그리고 상상력이다. 연극무대 세트장을 짓기 위한 프로세스가 있다. 자주 세트장을 지어본 경험자와 초보자는 진행 상황이 다르다. 초보자는 세트장에 집중하고, 경험자는 무대에서 연기할 배우들을 고려한 세트장을 짓는다. 이 작은 차이가 시간이 흘러 공연에 큰 영향을 미친다. 짓는 재료와 인건비를 아끼는 방법은 본격적으로 짓기 전에 머릿속 생각을 정리해서 흰 종이에 스케치를 하는 것에 달려 있다. 경험자는 돈 한 푼 안 들이고, 백지 종이에 수십 번 지었다가 무너뜨린다. 그렇게 스텝들에게 이야기한 후 최종안을 정하고 짓는다. 결국 완성이 되었을 때 상당히 만족스러운 무대가 세팅된다. 그에 반해서 초보자는 연극무대에 대해서 한두 번 대충 그린 후 조바심으로 세트장을 짓는다. 시간이 지나 완성되었을 때 공연이 불편하여 두고두고 아쉬움이 생긴다.

두 사람의 차이점은 뭘까?

한마디로 프로토타입(시제품)을 만들어보는 경험치다. 세트장부터 짓고 시작해 보자는 초보자에 비해서 경험자는 종이 위에서 여러 번 무대 시제품을 만들었다 무너뜨린다. 이런 일련의 과정에서 주변 사람들에게 물어본다. 너의 생각은 어때? 주변의 의견을 물어보면서 연극시제품 도면을 수정한다. 배우, 관객, 연출자 모두가 편안하게 볼 수 있는 세트장은 사소한 실행력에 있었다. 경험자는 한마디로 호기심이 많다. 최소의 자본으로 최대의 멋진 무대 장치를 만들어보겠다는 발상이 자신을 춤추게 만든다.

책을 볼 때 숙련자와 초보자도 이와 거의 같다. 거의 메커니즘이 비슷하다. 책을 볼 때 두 사람 모두 머릿속에 그림을 그린다. 초보자는 몇 자 적다가 거기서 멈춘다. 그에 반해서 호기심이 가득한 숙련자는 책을 보면서 수없이 세웠다, 무너뜨렸다를 반복한다. 그래서 나는 책 보는 분들에게 딱 한 단어를 강조한다. 호기심이다. 호기심은 자발적 질문과 만나면 날개가 달려 실천하고 싶은 욕구가 강하게 생긴다. 바람이 불 때 노 젓기 쉽듯이, 욕구가 생길 때 살며시 작은 행동을 하면 술술 해결이 되기 쉽다.

딱 3분 실행하면 부담감이 30% 줄어든다. 호기심 연료가 사라지기 전에 하는 것이 중요하다. 호기심은 15분이 지나면, 실행 욕구가 80% 이상 소진된다고 본다. 하루만 지나면 실행 욕구가 90% 이상 사라진다. 그 이유로 '탈Book' 프로젝트에서 책을 읽은 후 15분 이내에 작은 실행을 독려한다. 부담감이 100% 있을 때 3%만 빼주면 실질적으로 30%는 한 기분이 든다. 이 심리를 이용하는 것이 중요하다. 그런 사례를 소개해 본다.

3~4일간 해외를 다녀왔는데 남편과 자녀들이 설거지를 하지 않

았다. 설거지가 수북하다. 여행에서 돌아와서 그 좋았던 기분이 사라지는 데 몇 초가 걸리지 않는다. 여러분들이라면 어떻게 할 것인가? 본능적으로 욕이 나올 가능성이 크다. 불편한 감정이 생기는 것은 당연지사다.

며칠 전 읽었던 정리정돈에 관련된 책에서 어이없는 실행 방법이 떠올랐다. 청소, 설거지하기 싫다면 딱 1분 청소, 그릇 3개만 하자는 내용이었다. 짜증 나는 감정은 잠시 내려놓고 정말 그릇 3개를 해볼까? 이런 말도 안 되는 내용이 떠오를 때 그냥 해보는 것이다. 저자 생각에 본인 생각을 추가한다.

제 개인적으로 하현우 가수를 좋아한다. 하현우 가수 '돌덩이' 노래가 끝날 때까지만 설거지하는 것으로 행동미션을 수정해 보자. 그릇 3개 대신 노래 한 곡 끝날 때까지로 행동미션을 바꿨다. 3개 정도 할 것 같았는데 의외로 그릇 12개를 했다.

이럴 때 또 마음속에서 멈출까? 한 김에 좀 더 할까? 그래서 또 노래 한 곡, 윤도현 '나비'를 틀었다. 나비가 마무리될 때쯤에 그릇 25개의 설거지가 끝났다. 여행 여독이 밀려와서 멈췄다. 푹 자고 일어났을 때 그다음 날 아침이다. 전날보다 훨씬 덜 부담된다. 노래 2곡 동안 그릇 미션이 가져온 가정의 평화다. 아침 설거지 후에 감정이 회복된 상태로 출근했다. 덕분에 회사에서도 나쁘지 않게 일을 진행할 수 있게 됐다.

누가 들으면 어이없는 작은 행동을 실천해 보라. 생각보다 그 효과는 크다. 특히 하기 싫고, 미루고 싶을 때 하자. 그 작은 한 걸음이 열 걸음으로 인도한다.

03

심리투자 사이클이 있듯이 자기계발 성공 사이클이 존재한다

심리투자 사이클이란?

계절도 봄 여름 가을 겨울이 있듯이 투자에도 위 아래 움직이는 역 S자 곡선 파동이 존재한다. 일명 포물선이 위 아래로 반복되어 파도치듯이 사이클이 존재한다.

경기와 주가 그리고 경제는 서로 영향을 주고받는다. 실물경제보다 주식시장은 6개월에서 1년 정도 선행을 하는 경향이 있다. 그래서 주가 예측이 어려운 면이 많다.

경제 사이클과 다르게 투자심리 사이클이 존재한다. 두 사이클이 합쳐지기에 투자의 시기를 정하는 것이 어렵다. 군중심리가 주식시장에 많은 영향을 미친다. 개인투자가, 기관투자가, 외국인 투자가 사이에 치열하게 핑퐁 게임이 진행된다.

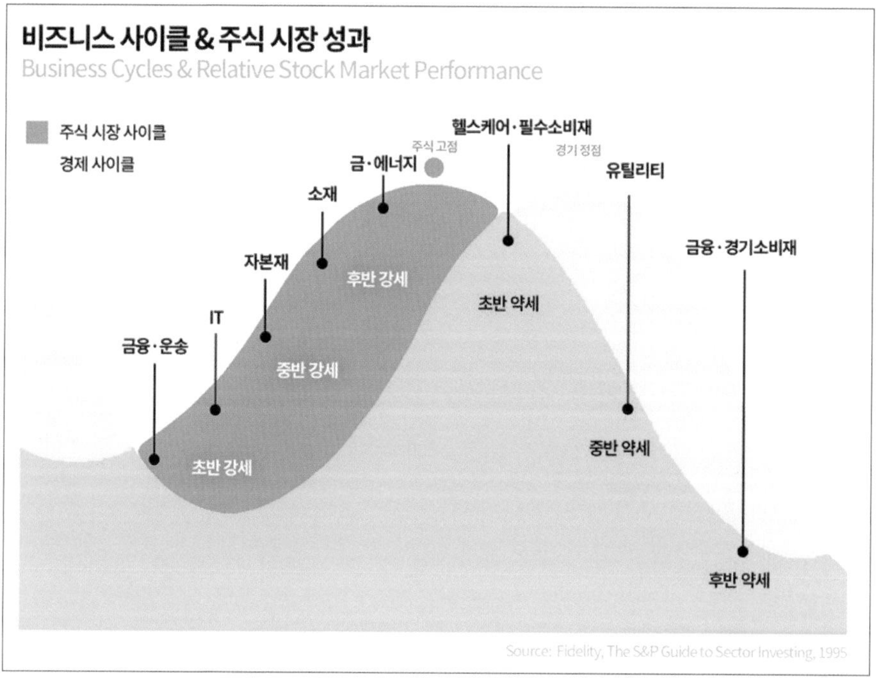

그 진행되는 과정에서 투자심리 사이클이 만들어진다. 대내외 경제 변수로 시장은 늘 출렁거린다. 눈앞에서 파도의 출렁임을 보면서도 먼바다에 있는 것을 보지 못하는 경우가 많다. 투자가들은 늘 매일 매주 매달 단기적 이슈에 의해서 샀다 팔았다를 반복한다. 결국 누가 심리적 의심, 불신, 조심, 확신, 열광, 탐욕, 무시, 부정, 두려움, 공포, 자포자기, 원금회복 사이클이 단기간에 일어나는 것이 아닌 8-11년 큰 사이클로 일어난다는 사실을 잊어버린다.

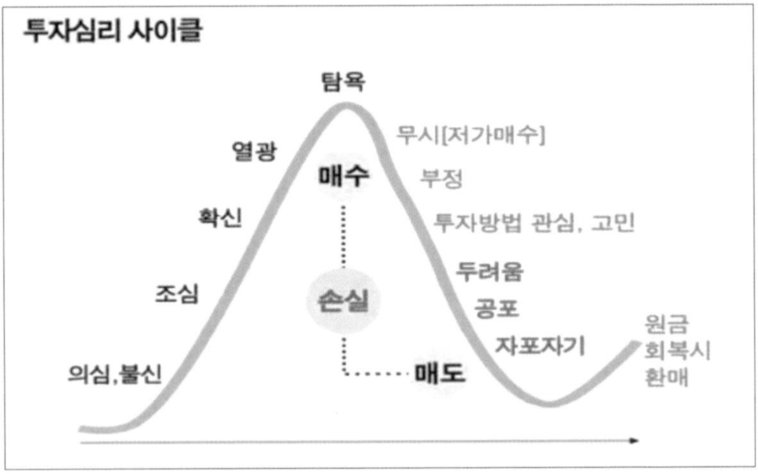

투자심리 사이클

주식투자는 단기적 시야와 장기적 사이클 속에서 힘든 변동성 경험을 하게 된다. 위 그림을 보게 되면 명약관화하다. 자포자기 순간, 즉 의심 불신 구간에 진입해서 열광의 국면에서 매도하면 되지 않겠는가 생각하지만 현실적으로는 어렵다. 투자심리 사이클은 실전에서 익혀야 하는데 그 수업료는 전반적으로 비싸게 지불한다. 실전투자를 하면서 조바심과 빨리 수익을 얻고 싶다는 강박증이 저 사이클을 못 보게 만든다. 투자 세계에만 조바심과 빨리 아웃풋을 내고 싶은 원리가 적용된 것은 아니다.

독서도 큰 틀에서 그런 심리는 동일하다. 대신 그래프 모양이 다를 뿐이다. 책을 읽으면서 투자심리 사이클의 교훈을 활용하면 도움이 된다. 약간 변형될 뿐이다. 투자심리 사이클 그래프보다 세스 고딘 딥(Dip) 그래프가 독서심리를 더 잘 반영한다. 세스 고딘 딥 도표가 책을 읽으면서 오는 파동에 실질적으로 더 가깝다. 투자심리 사

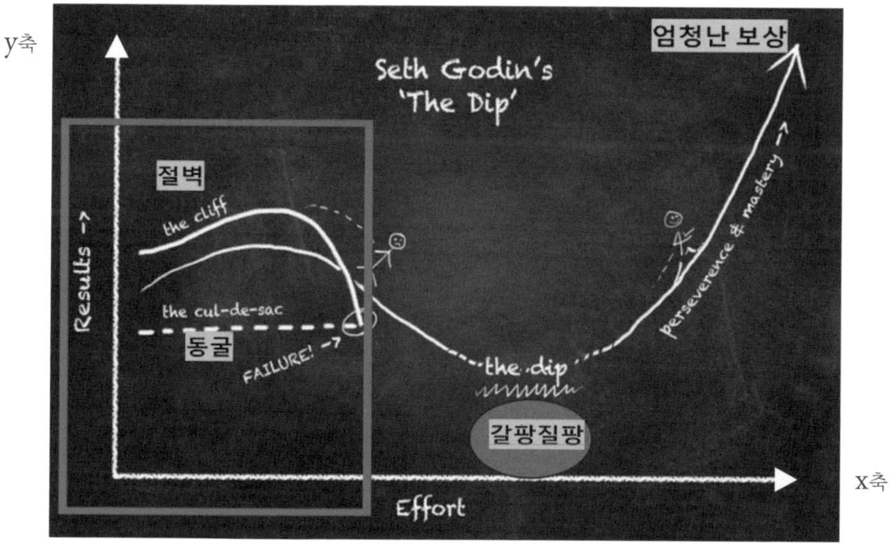

세스 고딘 딥(Dip)

이클처럼 위 아래 파동이 있다.

초반 사이클은 초심자 행운 구간이다. 처음에는 책을 읽고 조금이라도 접목하면 y축 결과가 제법 잘 나온다. 책도 마찬가지다. 읽으면 새롭고 금방 익혀지고, 적용하면 사소하게 결과물이 잘 나오는 구간이다.

책 10-30권 정도가 이 구간일 가능성이 크다. 50권이 되어가면서 나타나는 현상이 있다. 책을 읽어도 비슷하고, 점점 내 생활 속 문제는 쉬운 문제에서 난이도가 높은 문제만 남는다. 이때는 책을 읽는 행위를 많이 해도 도통 문제가 풀리지 않는다. 책을 멈추고 실행력을 높여도 잘 안 된다. 일명 딥(Dip) 상황이다.

세스 고딘은 딥(Dip)이라고 이야기했지만, 나는 여기서 일명 갈팡질팡존이라고 표현을 하고 싶다. 저 갈팡질팡존에서 나오는 넋두리는? 절벽일까? 동굴일까? 딥(Dip)일까? 세스 고딘은 '현명한 포기'를 권한다. 현명한 포기를 빨리하고, 자신이 딥을 이겨낸 후 큰 보상이 따르는 일은 꼭 해내고 돌파하라고 한다. 초보자와 전문가 사이에 놓인 벽이라는 말로 그의 책에서 설명한다. 책을 읽는 과정에도 독서슬럼프는 반드시 온다.

그것을 어떻게 이겨낼지 힌트는 당신 뇌를 아는 것부터 출발한다.

'뇌'라는 단어 속에 자기계발 실패 이유가 있다

비밀은 Brain이라는 이 단어 속에 들어 있다. 브레인은 한국 말로 '뇌'라고 표현한다. 이 뇌라는 단어는 엄청난 비밀을 간직한 신묘막측한 기관이다. 위키백과 사전에 뇌는 어떻게 정의가 내려졌는지 살펴보자. 뇌(腦, 영어: Brain) 또는 골은 신경 세포가 하나의 큰 덩어리를 이루고 있으면서 동물의 중추 신경계를 관장하는 기관을 말한다. 뇌는 본능적인 생명활동에 있어서 중요한 역할을 담당하는데, 여러 기관의 거의 모든 정보가 일단 뇌에 모이고, 뇌에서 여러 기관으로 활동이나 조정 명령을 내린다. 뇌는 대부분의 움직임, 행동을 관장하고, 신체의 항상성을 유지한다. 즉 심장의 박동, 혈압, 혈액 내의 농도, 체온 등을 일정하게 유지한다. 뇌는 인지, 감정, 기억, 학습 등을 담당한다.

성인들 몸무게가 60kg 내외일 때를 가정해 보면 뇌의 무게는 1,400g~1,600g이다. 몸무게에서 2.5% 차지하는 뇌(1.5kg)가 우리 전체 기관 중 가장 중요한 일을 많이 하고 있다. 독서는 특히 우리 신체 부위에서 뇌의 인지, 기억, 학습 기능과 밀접한 관련이 있다. 그런데 유독 독서슬럼프(Book-Dip)의 상황에서 어떤 뇌는 절망 상황에서 돌파해 내고, 어떤 뇌는 절망 상황에서 포기한다. 왜 그럴까? 그것은 과학적으로 쉽게 분석하기는 어렵다. 저의 호기심은 뇌라는 단어를 천천히 들여다보기로 했다. 수많은 발견을 하고 대단한 논문을 작성하던 위대한 분들의 회고록을 보면 오랫동안 다양한 방법으로 시도했지만 답을 찾지 못할 때 멘토를 찾아간다. 멘토 분들이 제시하는 방법은 사전을 활용하라고 한다. 연구하는 핵심개념 단어를 사전을 찾아서 빈종이에 적고 또 적어 반복해서 쪼개고 분석하라. 이상하게 막혔던 부분이 사전을 통해 개념을 정리할 때 퍼즐이 풀린 것처럼 풀린 경우를 보기도 했다. 그 생각에서 '뇌'를 한글로 획을 쪼개 보았다.

'뇌'라는 글자는 노+l=뇌라는 글자로 나눌 수 있다. 뇌라는 단어의 의미를 자세히 들여다보면. '노(no)+ㅣ'가 숨어 있다. 즉 뇌는 본래 노(no)라는 단어를 숨겨놓고 있다는 사실을 발견했다. 그래서인지 조금 변화를 시도할 때쯤 뇌 속에서 부정적 목소리가 들리는 것은 아닐까? 숨겨진 그림자 목소리 주인공 '노(no)'는 마치 몸 안에 몰랐던 유전체 게놈을 발견하는 그런 기분이 들었다.

결국 인류는 뇌 속에 노에 대해서 이겨낸 승리자들이 살아남았다고 생각한다. 인류 부족 중 끊임없이 살아남은 사람들의 뇌는 어떻게 진화했을까? 대뇌변연계 기능이 대다수인 상황에서 대뇌 신피질 기능을 추가한 사람들이 생존했다. 생존한 인류는 감정의 뇌에 이성의 뇌를 추가한 이들이다. 부정이 가득한 상황에서 후천적 노력으로 No 상황을 On으로 바꾸는 시도를 한 사람들의 결과물이지 않을까 생각한다.

부정적 상황을 극복하는 경험도 결국 아웃풋이 된다. 딥 상황에서 이겨내는 힘은 앞단에 했던 힘든 경험이 중요한 밑거름이 된다. 걸림돌 상황에서 디딤돌로 만들어 낸 경험은 뇌도, 나도, 모두에게 소중하다. 힘든 상황에서 도망가는 뇌에게 이야기하자. 잠깐 너의 이야기 한 달 뒤에 들을게… 그렇게 이야기하게 되면 신기하게도 부정 no의 목소리는 점점 들리지 않고, 결국 해볼까 하는 작은 소리가 들린다.

'지금(Now)' 속에 즉시 행동하는 사이클 속성이 있다

brain(뇌)=노(no)+l 퍼즐을 풀었다. 또 하나의 퍼즐이 남아 있다. Now(지금) 단어에 힌트가 있다. 눈치가 빠른 분은 'Now' 단어를 왜 이야기했는지 알 수 있다. 지금이라는 단어에도 뇌 속에 있던 no가 있다. 참 공교롭지 않은가? 작심삼일로 자꾸 끝나는 이유에 대한 힌트가 있지 않을까? 작심삼일로 멈추는 이유를 추론해 볼 수 있을 것 같다. 변하기 싫어하는 뇌[No+l]와 지금[Now] 단어 속 강력한 노가 변화를 멈추게 하는 것이 아닐까 생각해 본다. 두 단어(뇌, 지금)를 잘 연구하면 실행 아웃풋을 늘릴 방법을 찾을 수 있다.

실행력을 늘리는 힌트는 '지금'의 단어에 숨겨져 있다. 뇌는 늘 '지금' 해야 할 때쯤 마음속에서 '다음'이라는 말을 떠올리게 한다. 다음이라는 단어는 유혹이 장난이 아니다. 처음에는 하지 말아! 이렇게 이야기하기보다는 좀 있다가 하지. 내일 해도 되잖아! 이런 말로 회피한다. 거대한 댐도 작은 틈새에서 시작해 무너지듯 우리에게 다음이라는 말은 엄청난 성장 열매를 방해하는 작은 틈새다. 다음[Next]을 극복하려면, 지금[Now]의 순간을 정복해야 한다.

'내일', '다음에' 말이 들리기 시작하면 우린 구렁이 담 넘어가듯 요령 있게 대처할 필요가 있다. 뇌(Brain)가 강력하게 우릴 속이려고 한다는 것을 잊지 말자. 뇌 안에 No가 있고, 지금(Now) 안에 No가 숨어 있다는 사실을 절대로 잊으면 안 된다. 강력한 No가 두 번이나 존재한다. 그래서 사람들의 변화가 어려운지도 모른다.

수학적으로 가능성을 말하면 100% 실행에서 0.01% 확률로 떨어뜨리는 것은 대단한 것이 아니다. '잠시 후에', '조금 뒤에', '오후에', '내일 하면' 이런 말로 핑계를 대면 실행은 물 건너간다. '시작이 반이다.'라는 말을 선조들이 왜 하였을까? 첫걸음, 첫 단추가 갖는 단어의 무게를 알고 있지 않았을까? 무거움을 가볍게 하는 것은 5초 행동하기다. 잠깐 5초 동안 하는 행동이 얼마나 힘을 발휘할까 생각하지만 의외로 효과는 크다. 즉시 5초만 행동해 보라. 즉시의 힘은 뇌와 지금의 부정 No의 힘을 약화하는 킹핀(볼링 5번 핀) 행동이다.

신은 다행히 우리가 어떤 일을 하기 위해 한걸음 걸으면 세 걸음 네 걸음 가도록 하는 마음도 함께 주었다.

매일 아침 일찍 움직이기 싫어하는 나에게 움직이도록 하는 방법은 무엇이 있을까? 평소 내가 좋아하는 습관 또는 내가 좋아하는 행동과 연결하는 방법이 있다. 자신이 좋아하는 노래와 기상 루틴을 연결하면 쉬워진다. 자신이 좋아하는 행동과 연결해 보자. 예를 들면 평소 좋아했던 노래를 기상과 함께 듣는 방법도 있고, 창문을 열고 하고 싶은 호흡을 하는 방법, 따뜻한 물로 샤워하는 방법, 커피를 좋아하는 분은 커피 내리기 행동으로 연결해도 좋다. 당신이 가장 좋아하는 행동을 연결하는 방식이다. 지금까지 한 이야기를 한 장의 표에 정리했다.

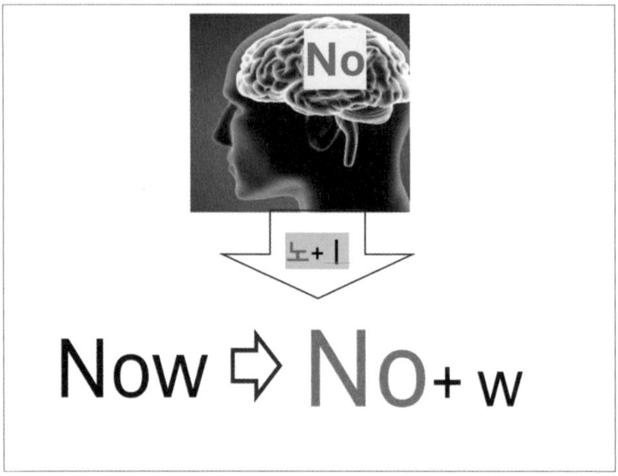

당신이 자꾸 미루고, 시작할 때 힘이 든 이유를 정리한 표다.

그러니 이제 당신을 괴롭히지 마라. 하기 싫은 것에 포커스가 아닌, 자신이 좋아하는 것을 연결하면 두 노(No)를 약화할 수 있다.

나는 하현우의 '돌덩이'와 윤도현의 '나비' 노래를 활용한다. 두 노래를 기상 행동과 연결한다. 이불 정리, 입안 소금 가글, 가볍게 세수, 컴퓨터 전자칠판 파워버튼 누르기, 탈북방에 접속하기를 두 노래가 끝나는 시간 안에 마무리한다. 이러한 원리는 행동심리학에 기반한다.

이런 내용이 잘 소개된 책은 리처드 탈러와 캐스 선스타인이 집필한 〈넛지(nudge)〉라는 책에 소개되어 있다. 넛지라는 말이 생소할 수 있다. '똑똑한 선택을 이끄는 힘'의 영어식 표현이 넛지다. 넛지의 끝판왕은 여러분 집 앞 마트다. 분명 사고 싶은 것은 3가지 2만 원 이내였다. 그런데 집에 올 때는 5만 원이 넘어 있고, 구매리스트보다 더 많은 생필품이 나와 함께 집에 도착한다. 즉 당신의 생각보다 당신의 행동을 자극하여 결국 구매를 유도했기 때문이다.

넛지라는 단어를 좀 더 알아보자. 팔꿈치로 쿡쿡 찌르는 것을 의미한다. 사소한 개입이 큰 파장을 불러일으킨다. 행동주의 심리학에서 개발되었으나 곧 경제학, 사회학, 행정학 분야로 파생되고 있다. 인간의 행동은 당근과 채찍이 영향을 준다.

〈넛지〉에서 몇 가지 실제 사례를 들자면, 공중화장실 남성용 소변기에 파리 스티커를 붙이는 것이 가장 유명하다. 소변기 중앙으로 오줌을 조준하라는 의미다. 스키폴 국제공항 화장실에서 처음 시작된 이 아이디어는 워낙 유명세를 얻어 전 세계로 퍼져나갔고, 국내에서도 흔히 볼 수 있다. 이것을 적용한 뒤로 오줌이 잘못된 각도로 날아가서 튀어 바닥이 더러워지는 일이 줄었다고 한다. 갑자기 남자분들의 도덕성이 좋아진 것이 아니다. 그저 살아 있는 것처럼 느껴지는 파리를 소변기 정중앙에 배치하여 장난처럼 하도록 한 행동이 나비효과를 만든 것이다. 남자 화장실 청소 시간이 많이 줄었다. 남자 소변기 중앙 파리 그림이 큰 효과를 불러일으키듯 내 생활 속에 그와 같은 일이 생길 수 있는 넛지 환경은 뭐가 있을까?

여러분 생활 속에 그것을 대체할 뭔가를 세팅하는 것이 중요하다. 탈북[Book]방은 생존신고가 그 역할을 한다. 책 사진이 아닌 기상해서 공부할 환경 올리기다. 그 행동이 책 1-2page 행동으로 연결된다.

탈북[Book]방 멤버의 생존신고 사진

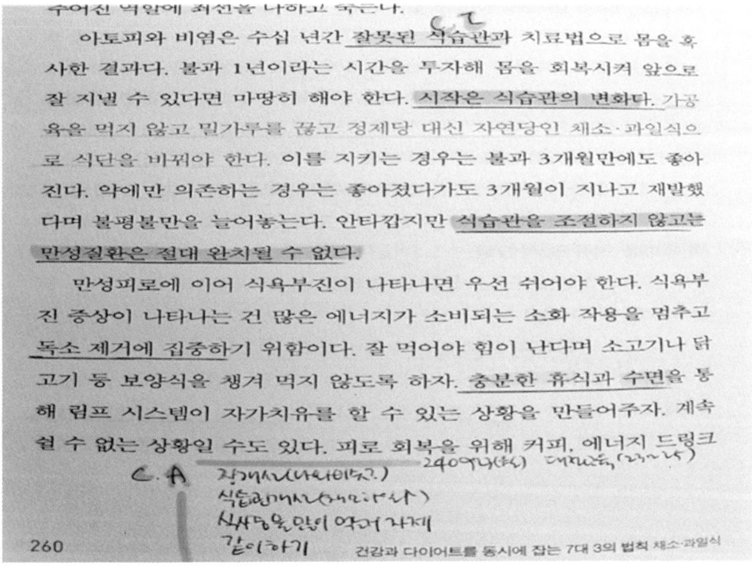

주어진 역할에 최선을 다하고 죽는다.

아토피와 비염은 수십 년간 잘못된 식습관과 치료법으로 몸을 혹사한 결과다. 불과 1년이라는 시간을 투자해 몸을 회복시켜 앞으로 잘 지낼 수 있다면 마땅히 해야 한다. 시작은 식습관의 변화다. 가공육을 먹지 않고 밀가루를 끊고 정제당 대신 자연당인 채소·과일식으로 식단을 바꿔야 한다. 이를 지키는 경우는 불과 3개월만에도 좋아진다. 약에만 의존하는 경우는 좋아졌다가도 3개월이 지나고 재발했다며 불평불만을 늘어놓는다. 안타깝지만 식습관을 조절하지 않고는 만성질환은 절대 완치될 수 없다.

만성피로에 이어 식욕부진이 나타나면 우선 쉬어야 한다. 식욕부진 증상이 나타나는 건 많은 에너지가 소비되는 소화 작용을 멈추고 독소 제거에 집중하기 위함이다. 잘 먹어야 힘이 난다며 소고기나 닭고기 등 보양식을 챙겨 먹지 않도록 하자. 충분한 휴식과 수면을 통해 림프 시스템이 자가치유를 할 수 있는 상황을 만들어주자. 계속 쉴 수 없는 상황일 수도 있다. 피로 회복을 위해 커피, 에너지 드링크

C.A

같이하기

260 건강과 다이어트를 동시에 잡는 7대 3의 법칙 채소·과일식

생존신고 이후 1~2페이지 읽은 후 오.여.기 미션 인증사진

새벽, 또는 아침에 책을 1~2페이지만 읽어도 충분하다. 거기서 내게 발생할 문제에 대한 해결책에 도움을 주는 단어 하나 문장 하나면 족하다. 그것을 해내는 프로세스 중 제일 작은 것 하나를 실천하면 된다. 그 첫걸음, 첫 단추 이것이 우리에게 필요한 넛지다. 준비되었는가? 책 1,000권의 아웃풋은 100권이 아닌 1권 안에 있다. 아웃풋을 내는 열쇠는 책 권수가 아닌 행동에 있다.

하기 싫은 것은 거의 옳다

하기 싫은 것은 거의 옳다는 말을 종종 듣는다. 이 간단한 문장에 진리가 있다.

유튜브 키워드 중 '순삭'이라는 단어가 있다. 드라마 순간 삭제 1시간, 3시간이란 단어가 검색된다. 정말 편집자들은 대단하다. 분명 30분 보려고 했는데 3시간을 지나서 6시간을 보게 만든다. 이들도 조금 전 소개해 드린 넛지 행동을 유도한다. 그들 관점에서 오랜 시간 자신이 만든 컨텐츠를 보게 만들면 그만큼 광고가 붙는다. 30분 보기 행동으로 구독자들 마음과 시간을 빼앗는다. 그 30분 순간 삭제 행동으로 엄청난 트래픽과 조회수를 만든다. 그 결과 한 달 뒤 꽤 의미 있는 콘텐츠료를 받는다. 실상 무료라고 선전하지만 돈보다 소중한 시간에 대한 댓가를 지불했는데도 비용은 크게 지불하지 않았다고 한다. 이것은 함정이 아닐까 생각한다.

전부 시청 후에 허무함이 엄청나게 밀려오는 특징이 있다. 하기 싫은 것의 특징은 초반과 중반까지 힘듦과 귀찮음이 존재하는데, 이상하게 끝내는 시점이 다가오면 보람과 의미가 느껴진다는 점이다. 그럼 이제부터 우린 뇌가 싫어하는 것을 적어보자. 우린 다이어트를 싫어하지만 먹는 것은 좋아한다. 원 없이 먹으면서 근육을 식스팩으로 만들고 싶은 이율배반적 마음이 든다. 공부하지 않으면서, 성적이 나오기를 바라는 마음, 늦게 출발하면서 도로는 막히지 않았으면

하는 마음 등등 우리 생활 속에 자주 접하는 바람이다.

해외로 나가게 되었을 때 언어를 조금 할 수 있었다면 얼마나 좋을까 생각한다. 하지만 한국에 돌아오면 그 마음은 온데간데없다. 그런 분이 저에게 와서 해결책을 묻는다면, 여행 현지에서 강좌를 바로 신청한다. 한국에 와서가 아닌 여행 중에 신청이 핵심이다. 배운 것을 바로 당일 사용해 보는 것이 넛지다. 현지에서 1~2회 학습은 바로 적용을 하면서 언어를 배우도록 하는 마음을 촉진한다.

여러분들이 잘 알고 있는 백종원 대표도 이런 경험이 있다. 중국에서 현지 중국어 수업을 10회 정도 하는 교육을 끊었다고 한다. 처음 1~2회 수업이 도통 흥미도 없고, 어렵고 하기도 싫었다고 한다. 포기하고 싶었는데 중국식당에 들어가서 갑자기 식당 메뉴를 읽고 싶고, 주문을 혼자서 해보고 싶다는 마음이 생겨 가르치는 선생님께 중국 메뉴를 읽게 하고 식당에서 주문을 할 수 있도록 요청했다.

결과는 어떻게 되었을까? 며칠 만에 중국식당 사장님이 놀랄 만큼 어느 정도 알아먹을 수 있는 중국어 회화가 되었다. 백종원 대표에게는 그냥 중국어 수업이었다면 실패했지만 식당 메뉴가 그분에게는 넛지였다. 적어도 식사주문을 간단하게 현지어로 해보는 경험이 좀 더 나은 중국어 수준을 올리는 기폭제가 된 사례이다.

한국 와서 수업을 듣는 것이 아닌 여행지에서 하면 작심삼일 마음은 사라진다. 자신 안의 마음 불씨가 꺼지기 전에 시작한다. 연말, 연초에 많은 사람이 내년에는 좀 더 나아지기 위해서 여러 가지 행동을 하게 된다. 새해 해돋이 보면서 올해는 금연, 올해는 다이어트,

올해는 취업, 올해는 내 집 마련, 올해는 승진, 올해는 영어 네이티브 스피커와 대화할 수준까지 올리기, 올해 자산증식 등등 그런 기대를 하고 여기저기 아카데미에 등록해서 시작한다. 그런데 신정에 결심하고, 구정에 80% 사람들은 의욕이 꺾인다. 불과 3주도 안 되어 그들의 결심은 무너진다. 하기 싫지만, 의미 있는 일에 대한 시도와 실행 횟수가 시간이 지날수록 줄어든다. 그렇기에 해야만 하지만 안 되는 문제를 해결하는데 중요한 첫 도미노는 '15분 루틴'이다. 그렇게 딱 21일만 해보라. 부정적 무너짐이 많이 줄어들게 된다. 하기 싫은 것을 여러분이 원하는 기간만큼 해내면 엄청난 보상으로 돌아온다.

태릉선수촌의 하루 훈련은 남자분들의 유격훈련 이상의 강도로 진행된다. 2~3일 유격훈련이 얼마나 힘든지 군대 다녀온 분들은 실감한다. 그 강도 이상으로 4년을 준비해서 올림픽에 나간다. 선수들은 안 되는 것보다 되는 것에 초점을 둔다. 하기 싫은 운동을 매일매일 쪼개서 해낸다. 그래서 자신이 원하는 대회 날짜에 최상의 컨디션으로 나간다. 메달은 그에 따른 결과물이다. 결과에 상관없이 태릉선수촌에서 해낸 그 경험은 선수 생활 이후 살아갈 인생에서 큰 자양분 역할을 하게 된다.

우리도 태릉선수들처럼 꾸준히 해보아야 하지 않을까? 육체적 정신적 재정적 심리적 준비를 해두지 않으면 55세 이후에 엄청난 대가를 치르게 된다는 것을 알면서도 자꾸 미룬다. 무엇부터 해야 할지도 모르고 정말 많은 에너지를 써야 하는 부담감이 시작의 엄두를 내지 못하게 한다.

그것을 해내는 방법은 하기 좋아하는 일을 20% 줄이고, 하기 싫은 일에 10% 지속하면 된다. 1,440분의 1%는 15분에 해당한다. 오늘부터 하기 싫지만 중요한 일에 15분을 지속해서 사용해 보자. 그렇게 하게 되면 15분이 30분을 만들고, 30분이 100분으로 늘어난다. 이 경험을 통해서 하기 싫은 것은 옳다는 마음과 동시에 '뇌가 하기 싫은 것은 옳다'는 소중한 체험을 하게 되는 셈이다.

까짓것, 그냥, 해보자. 말을 주문처럼 하면 뇌가 하기 싫을 때 그 마음을 누를 수 있다. 대충도 초반에는 하기 싫은 뇌를 꼬시는 좋은 '넛지' 말이다. 대충이라는 단어에는 실행의 부담감을 줄이는 마법이 존재한다. 대신에 시간이 지날수록 피드백해서 대충을 조금 업그레이드할 수 있는 시스템을 마련하면 좋다. 일단 어떤 일을 하고 싶다면 대충해 보자. 가볍게 스타트를 해주는 제일 좋은 단어는 바로 대충 1분만 해보자. 대충하다 보면 생각의 물감과 행동의 물감이 나오기 시작한다. 한 김에 좀 더 해보자는 넛지가 작용한다.

완벽한 완제품 vs 신속한 시제품

"완벽이 아닌 완수다."

'탈Book'방 멤버 고석천 씨가 새벽에 올린 글귀다. 예기치 않은 일로 피곤해서, 준비가 안 되어서 금주 업무를 해내지 못했다고 한다. 그래서 본인이 완벽하게 하려고 했기에 실패했다고 피드백을 했다. 완수가 목표였다면 해내지 않았을까? 고객분들의 피드백이 부족하다고 한다면, 그 행동을 이른 시간에 수정해서 해주면, 결국 완벽에 가깝게 가게 된다. 완수는 대충의 스타트 버튼이 시작되어, 종착지까지 가면 주어진다. 완벽은 신의 영역이다. 우리가 하는 모든 일에 대해서 완벽을 멀리하고, 완주로 접근하는 자세가 필요하다.

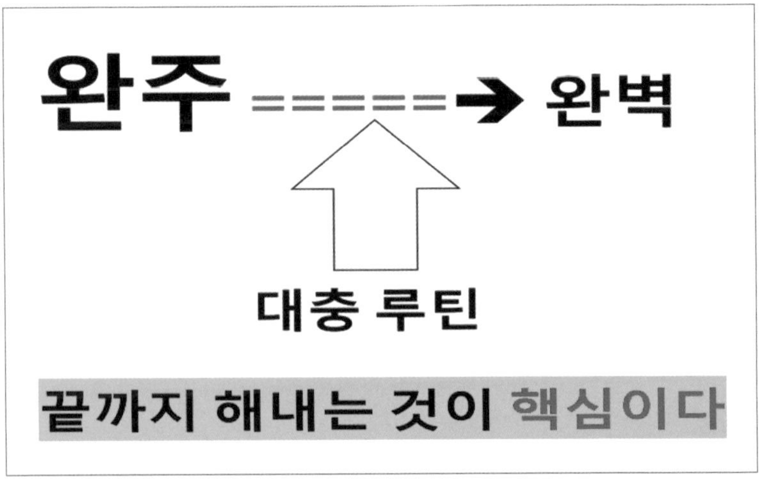

잘하려고 하지 말고 그냥 해보자. 이것이 일명 대충 루틴이다. 대충 아주 적은 시간을, 21일 해보는 것이다. 영어도 대충 해보고, 운동도 대충 해보고, 공부도 대충 해본다. 그냥 가볍게 행동을 시작하는 것이 제일 중요하다. 대충하다 보면 0.1% 더 잘하고 싶은 욕구가 생긴다. 대충대충 하다 보면 '부담감'의 높이가 낮아진다.

책을 보면서 우리가 주목해야 하는 포인트가 있다. 저자들도 부담감이 있던 일들이 있다. 하기 싫은 일을 어떻게 했는지 사소한 프로세스 찾아보자. 사소한 프로세스 찾아내 모방하자. 모방하면서 작가처럼 자신의 일에서도 부담감의 높이가 낮아지는 경험이 시작된다. 왜 우린 성인이 되어서 배움의 상황에 처한 걸까? 행동을 해야 함을 알면서도 행동하지 못하는 이유는 뇌의 전두엽에 있다. 어릴 적부터 하기 싫은 일에 대한 대처를 제대로 배우지 못했기 때문이다.

예를 들면 엄마 아빠가 다해 주었기에 자녀들 뇌에 그런 능력이 부족하게 되었다. 자신이 해야 할 행동이 루틴이 되지 않고, 의지하는 습관이 몸에 뱄다. 그렇게 지내던 중고등시절이 되면, 자녀에게 부모는 짜증을 내기 시작한다. 내가 언제까지 너를 챙겨야 하니 하면서 불평을 드러낸다. 사실 부모가 그런 원인을 제공한 측면이 많다. 당연히 해주던 것을 안 해주니 자녀 처지에서 억울할 만하다.

이제부터 평생 해주지 못할 것을 안다면, 소통되는 어린 나이부터 조금씩 하기 싫은 일을 가정의 일원으로서 하는 습관을 키워 줘야 한다. 우린 4살 이후부터 고민해 봐야 한다. 엄마 아빠가 5년 뒤면 이 세상에 없다는 가정하에 아이들이 스스로 하는 환경 세팅을 마련해 주자. 초등학교 1학년이 밥도 하고 빨래도 하고 청소도 할 수 있는 여건이 조성되어 있다. 첨단 가전제품 발달로 딸아이가 하는 밥과 엄마가 하는 밥이 그리 질적 차이가 높지 않다. 물론 반찬은 엄마가 더 잘할 수밖에 없다. 그럼에도 우린 자녀에게 대충 3~5가지 반찬을 할 기회를 주어야 한다. 맛이 좀 짜고 밋밋해도 말이다.

시간이 지날수록 조금씩 피드백을 통해 자녀는 몇 가지 밥과 음식, 국을 할 수 있게 된다. 또래가 할 수 없는 일을 한 가지 두 가지 하다 보면 아이의 자존감은 올라가게 된다. 그런 훈련이 라면을 끓일 때도 좀 더 다른 라면을 요리하도록 해준다. 우리에게는 하기 싫은 것이 사실 지식이 없어서 하기 싫은 일이 제법 된다. 지식이 없고, 해본 경험이 절대적으로 적기에 귀차니즘 행동이 늘어난다. 작은 지식만 있어도 귀차니즘을 줄일 수 있다.

MZ세대들은 요리를 정말 잘하는 소수와 대다수 라면만 끓여 먹는 다수로 나뉜다. 왜 그럴까? 어릴 적 주방을 자유롭게 들어갈 수 있는 환경 세팅의 유, 무다. 초반에 3~4번 실수를 허용하고, 지켜봐 주는 것이 중요하다. 지금 우리가 익숙한 행동 중 초반부터 잘한 것은 없다. 세탁기를 못 돌리는 것이 아닌, 안 돌리는 것일 수 있다. 왜? 두렵기 때문이다. 빨래가 잘못되어 옷을 버릴 것 같은 두려움이 있기 때문이다. 이것을 극복하는 방법은 함께 세탁기를 돌려 과정을 익히게 해보면 된다.

적어도 가정의 일원으로 주 1회 빨래는 자녀에게 하도록 해야 한다. 엄마는 시녀가 아니다. 남편도 살다 보면 혼자가 될 수 있다. 그래서 아내를 사별한 후에도 살아갈 수 있도록 평소에 조금 할 수 있게 해주자. 일주일에 두 번 자녀와 남편이 식사를 준비하도록 하자. 나머지 한 번은 외식으로 하자. 그럼 주부는 주 4회 저녁 식사를 준비하면 된다. 결국 아이들도, 남편도 식사를 준비할 때 다른 사람들로부터 인정을 받는 일이 생긴다. 귀차니즘을 이기는 방법은 멀리 있지 않다. 하기 싫은 일을 줄이는 방법은 계속 강조하는 '대충'을 통해서 해보는 경험을 늘려주면 된다.

책도 완벽하게 읽고, 완벽하게 정리한 후, 완벽하게 실행하려는 마음을 버리자. 책도 1장 읽어도 되고, 대충 1줄 정리해도 된다. 그것이 부담감을 정복하는 중요한 열쇠다. 그냥 해보자. 집 안을 청소하는 것은 오래 걸리지만, 어지럽게 만드는 것은 순간이다. 집에 CCTV 달아보아라. 집안이 돼지우리처럼 되는 것은 대단한 행동이 아닌 사소한 행동이 모인 결과다. CCTV 달아서 집안이 더러워지는 것을 분석해 보자. CCTV 분석하면 엄마의 엄청난 가사노동 지옥에서 벗어날 힌트가 있다. 5명의 가족이 있다면, 왜 집안은 늘 정리가 안 될까? 4명이 어지르고, 한 명이 치우는 구조이기 때문이다. 자녀들에게 대충 버리는 습관이 아닌, 대충 청소하는 습관이 들도록 가르치는 것이 중요하다. 대충은 긍정적인 행동이거나 부정적인 행동에 둘 다 엄청난 아웃풋을 양산한다. 긍정적 대충을 통해 어설프지만, 시제품을 자주 만들어보자. 그 과정에서 홈런성 완벽한 완제품이 나오게 된다.

재테크 성공은 '먼떼나쓰',
책테크 성공은 '먼행나독'

대충이 좋은 방향 시너지를 활용하려면 환경 세팅, 즉 좋은 행동을 할 수 있게 하는 것이 중요하다. 의지력보다 더 중요한 것은 환경 설정이다. 인간의 변화하고 싶은 마음은 겨울철 눈 녹는 것에 비유할 수 있다. 우리의 의지는 눈처럼 조금만 온도가 올라가면 녹아 버리는 것과 비슷한 속성을 지니고 있다. 먼저라는 단어와 대충이 동전의 앞면과 뒷면처럼 붙으면 삶의 동전 가치가 발현된다. 동전이 앞면은 있고 뒷면 그림이 없다면 위조 동전이 된다. 단기적으로 대충하면서도 중기 시각, 장기 관점이 덮어지면 좋다.

생활비를 쓰고 나서 저축을 하는 행위는 자신의 의지력이 높은 사람의 경우에는 성공할 수도 있다. 하지만 대다수 우리는 그런 의지력이 아쉽게도 높지 않다. 급여가 300만 원이면 100~150만 원 적금을 먼저 떼어내고, 나머지 150만 원으로 살면 된다. 그럼 머리 아프게 가계부를 작성하지 않아도 연말에 1,800만 원을 모을 수 있다. 그렇게 5년이면 9천만 원 원금에 이자까지 더하여 1억이 모인다. 가계부를 쓰는 노력보다 150만 원을 먼저 떼는 행동이 중요하다.

일반적금이 아닌 정기적금으로 해약을 하지 못하도록 하는 것도 환경 세팅이다. 돈을 모을 때도 이 방식이 좋은 방법이지만, 책을 읽고 삶을 변화시키고 싶은 사람들에게도 이 방법은 유효하다. 책을 전부 다 읽어본 후 행동하는 것은 한 달 동안 생활비로 모두 쓰고 난 후 저축하는 표현과 비슷하다. 먼데나쓰(먼저 떼어내고 나중에 쓰자) 방식은 '먼행나독'으로 확장할 수 있다. 먼저 행동하고 난 후 나머지 책을 읽자는 것이 **먼행나독** 개념이다.

이 방식은 책을 저술해 보고 싶은 사람에게도 활용할 수 있다.

책 저술에 실패하신 분들이 오면 저는 늘 이야기한다. 기상 후 중요한 첫 시간을 저술에 사용하라고 말한다. 새벽 아침 기상 후에 30분을 그 일에 선사용 후 남은 시간 동안 평소에 하고 싶은 일을 하면 된다. 매일 30분을 하는 것이 과연 얼마나 도움이 될까 하는 의구심이 있는 분들도 더도 말고 덜도 말고 30분씩 한 달을 해보면, 효과면에서 스스로 느낄 수 있다. 1년을 지속하면 반드시 책은 나온다. 책 쓰기뿐만 아니라 독서도 선행동의 효과는 크다. 조금 전에 소개했던 '먼행나독'도 동일하다.

먼.행.나.독을 어떻게 하는 것이 좋을까? 그렇다면 질문이 필요하다. 왜 당신은 읽으려 하는가? 자신의 교양과 인문학적 폭넓은 지식을 얻기 위해서인가? 지식을 확보해서 오늘보다 내일 더 일을 잘하기 위함인가? '경제적 자유인'이 되기를 원해서인가? 승진을 통해 좀 더 나은 위치로 가고 싶은가? 뱃살을 줄여서 좀 더 건강한 몸을 만들고 싶어서인가? 왜 읽는지 물어보고 생각나는 단어를 적어보는 것이 중요하다. 자신의 의지가 아닌 타인에 의해서 책을 본다면, 에너지는 눈 녹듯이 사라지게 된다. 에너지가 떨어지면서 가는 중에 독서를 중단할 것이 자명해진다. 모든 독서행위의 출발점은 당신 안에서 출발하는 것이 중요하다. 타인에 의한 엄청난 목표보다 어설프고 작지만 내 안에서 일어나는 목표가 더 중요하다.

실행 ==➔ 實行

열매실 다닐행

열매가 있는 작은 행동

어떤 행동이 열매일까? 바로 타인이 아닌 자기 주도성으로 할 때 열매가 맺힐 가능성이 크다. 열매 행동은 자신으로부터 시작된다. 주도성 행동은 뿌리를 깊게, 넓게 만들어준다. 〈천 개의 성공을 만든 작은 행동의 힘〉 저자 존 크럼볼츠와 라이언 바비노는 그의 책에서 작은 행동의 힘을 힘주어 강조한다. '생각은 크게 행동은 작게'가 이 책의 핵심 메시지다.

> "지금 당장 실천 가능한 일이 무엇인지 우선 살펴라! 물론 야망을 가지고 계획을 세우는 것도 중요하다. 하지만 필자들의 경험상, 성공은 서로 연관이 없어 보이는 일련의 작은 행동들로부터 시작되는 경우가 많았다."

큰 성공만 노리는 태도가 오히려 성공을 방해하는 원인이 된다. 이 두 저자도 작은 행동의 힘을 역설한다. 작은 행동들로부터 문장을 들여다볼 필요가 있다. 대단한 나무, 대단한 열매 모두 작은 씨앗으로부터 생명이 출발한다. 작은 행동은 위대한 아웃풋에 다가가는 마중물이다. 그 마중물은 여러분 안에 숨겨져 있다. "먼저 행동하고 나중에 독서하자"는 이 말에는 강력한 씨앗이 숨겨져 있다. 그 씨앗은 책을 읽은 후 행동하는 방식보다 행동한 후 독서가 더 큰 열매가 될 확률이 높다는 사실이다. **'먼.행.나.독'**을 하실지 **'먼.독.후.행'**을 하실지 선택은 여러분들에게 맡긴다. 속는 셈 치고 **먼.행.나.독**을 한 달만 꼭 해보기를 부탁드려 본다.

Chapter

3

실행 체력을 획기적으로 높이는 '탈Book' 프로세스

01

속근육과 겉근육을 결정짓는 코어

최근에는 운동을 시작하면 '코어근육'이라는 말이 빠지지 않고 소개된다. 다이어트를 할 때도, 허리가 안 좋아도, 쉽게 지치는 직장인들 상담할 때도 코어강화운동을 해야 한다는 말을 듣게 된다. 하지만 대다수 일반인은 코어근육이 무엇인지 핵심근육의 위치는 어디인지 모르는 경우가 많다. 배근육, 속근육, 중요한 근육 정도로 생각하는데, 오늘은 '코어근육'의 정확한 위치와 종류, 역할을 조금 알아보자.

근육에 대한 핵심 지식이 있어야 그에 걸맞은 운동을 할 수 있게 된다. 객관성을 위해서 이 분야 전문병원 전문가 지식을 소개하는 것이 좋을 것 같아서 여러 자료를 찾았고 그중 가톨릭대학교 성모병원 2019년 9월 18일 블로그 포스팅 자료를 발췌했다.

> 안정화를 위한 내부 코어근육군(Local Core Muscles) 그리고 움직임을 위한 외부 코어근육군(Global Core Muscles)으로 나뉩니다. 우리가 일반적으로 알고 있는 코어근육이 바로 안정화를 위한 내부 코어근육입니다. 이는 횡격막(Diaphragm), 복횡근(Transverse Abdominis), 다열근(Multifidus), 골반기저근(Pelvic Floor)으로 구성되어 있습니다. 외부 코어근육은 외복사근(External oblique), 복직근(Rectus abdominis), 척추기립근(Erector spinae), 대요근(Psoas major), 광배근(Latissimus dorsi) 등이 있습니다. 우리가 몸을 움직일 때는 먼저 내부 코어근육들이 활성화되고, 그다음 외부 코어근육이 활성화되며 움직임이 발생합니다. (중략) 허리의 안정성을 위해선 내부 코어근육 강화가 필수적입니다. 그중에서도 복대의 역할을 하는 복압이 중요합니다.

천연복대라는 신선한 표현이 눈에 들어온다. 외부가 아닌 내부 코어가 먼저다. 그렇다면 결국 코어는 어디에 있는지 물음에 겉도 중요하지만 내부가 더 핵심이다는 사실을 눈치챌 수 있다. 운동도 내부의 코어가 중요하듯 책을 보는 행위도 코어가 큰 영향을 미친다.

독서로 아웃풋을 내는 사람들은 근육부터 다르다

우리가 자주 부러워하는 것은 외복사근(External oblique), 복직근(Rectus abdominis), 척추기립근(Erector spinae), 대요근(Psoas major), 광배근(Latissimus dorsi)으로 외부 코어에 집중되어 있다. 상의 탈의를 하게 되면 이 근육들이 보이기 때문이다. 눈에 보이는 겉근육이다. 특히 이중 복직근이 식스팩과 관련이 깊다. 외부 코어다. 하지만 내부 코어를 강화하면서 외부 코어가 만들어지지 않으면 몸에 무리가 따르고 결국 부상에 이른다고 전문가들은 한결같이 이야기한다. 그렇다면 내부 코어근육에는 어떤 것들이 있을까? 횡격막(Diaphragm), 복횡근(Transverse Abdominis), 다열근(Multifidus), 골반기저근(Pelvic Floor) 등이 있다. 천연복대라고 하는 별명이 있는 복횡근이 있다. 이 책은 운동과 관련된 책이 아니다. 그런데도 왜 코어근육 이야기를 꺼낸 것일까?

결국 본질이 내부부터 출발한다는 것을 말하기 위함이다.

내부에서 출발해서 외부와 함께 연동이 되어야 건강한 신체가 된다. 코어개념을 독서에 접목해서 독자분들의 이해를 돕고 싶다. 탈Book 프로세스에서 정신적 근육을 만들기 위한 프로세스 4단계가 있다. 1단계 '생존신고' 미션, 2단계 오.여.기 미션, 3단계 60일 집중 아웃풋 미션, 4단계 '선승관리' 미션으로 구성되어 있다.

15년간 독서로 아웃풋을 내는 사람들과 그렇지 못한 사람에 대해서 계속 추적관찰을 했다. 다양한 생각이 머릿속에 스친 가운데 몇 가지 질문은 늘 반복됐다. 책은 절대량이 아웃풋의 핵심 요인일까? 아니면 그 사람이 독서하기 전 스펙일까? 집안 환경일까? 유전적 지능일까? 독서 아웃풋의 충분조건, 필요조건, 필요충분조건이 무엇일까?

이런 식으로 오랜 시간 나누고, 쪼개서 답을 찾으려 했지만 되는 사람도 있었지만 안 되는 경우도 많았다. 독서 성과분야는 자연과학이 아닌 사회과학에 가깝다. 정확하게 이론대로 모든 것이 이루어지는 경우는 적다. 그렇다고 책을 보고 난 후 변하지 않은 사람이 없는 것이 아니기에 늘 고민이 많았다. 그렇게 고민하던 중 속근육과 겉근육을 동시에 포함하는 코어라는 개념이 들어왔다. 운동을 싫어하던 내가 운동을 시작하면서 코어개념을 마주하게 된 것이다. 운동을 시작하면서 유튜브를 활용해 다양한 운동전문가 분들을 만났다. 모두 소개해 주는 동작과 운동 도구는 다르지만, 한결같이 이야기하는 개념은 코어라는 단어다.

운동에 있어서 본질적 개념이라고 여겨졌다. 개인적으로 구독자 153만 명 '이지연의 다이어트 채널'을 좋아한다. 하루는 그 채널을 클릭하고 보던 중 폼롤러를 이용한 코어근육 키우기 동작을 소개하는 순서였다. 복횡근을 키우는 A, B, C 코스 동작으로 이루어진 운동법이다. 폼롤러를 이용해 속근육을 키우는 방법이다. 영상 한 장면을 캡처했다.

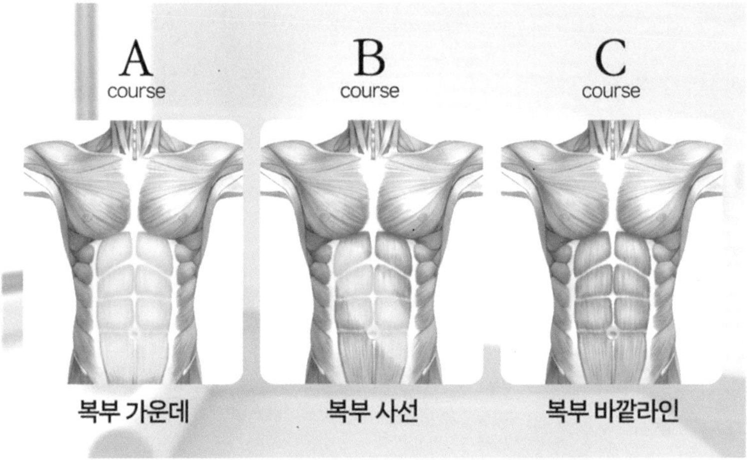

위의 그림이다. 복횡근을 복부 가운데, 복부 사선, 복부 바깥라인, 즉 천연복대 3가지 방향으로 폼롤러 이용 싹툭 잘라내기를 하는 장면이다. 싹툭 잘라내기는 지방을 잘라낸다는 '이지연' 씨만의 언어다. 지방을 제거하여 근육을 남기듯 독서도 비슷하지 않을까라는 생각이 떠올랐다. 독서에도 분명히 이 원리는 적용될 것 같다. 독서 속근육을 키운 독서가들은 시간이 지날수록 아웃풋을 더 낸다. 그에 반해서 겉근육 독서만 익힌 분들은 시간이 흘러 조금만 난이도가 높아지면, 중도에 그만두는 경향이 짙다. 결국 책을 얼마나 읽느냐 보다, 책을 읽고 가설사고를 만들어내고 실행하는지 여부가 중요하다. 책 지식을 단순 모방하면 겉사고 근육만 늘어나고, 책 지식을 읽으면서 자신의 상황에 대입해서 적극적인 가설을 세워 접근하면서 읽게 되면 독서내공, 즉 속사고 근육이 좋아진다.

이 개념을 적극적으로 활용하여 '탈Book' 프로세스 독서법이 나오게 되었다. 100일간의 '탈Book'방에서 진행해서 나온 결과물을 가지고 이 책은 쓰였다. 100일간 아웃풋은 아주 소소한 것도 있고, 기간 대비 높은 아웃풋도 있다. 대신 각자가 100일 전보다 더 나은 상황으로 바뀐 사실은 모두가 인정했다. 100일이 지났고, 그 이후 265일은 더 기대된다는 반응이 주류다.

'탈Book' 프로세스를 본격적으로 익혀 보자. 문제에 대한 내 생각을 바꾸는 것에서 출발한다.

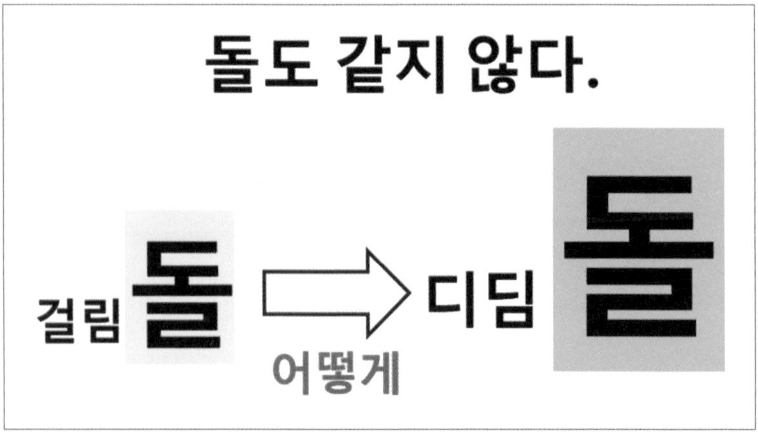

매일 문제라는 걸림돌을 건너기 위해서 문제에 대한 재인식이 필요하다. 문제라는 돌은 걸림돌과 디딤돌 속성을 둘 다 가지고 있다. 돌과 관련된 생활 속 격언이 많다. 그중 '무심코 던진 돌에 개구리 맞아 죽는다'라는 속담을 풀어보면 아무 뜻 없이 던진 돌에 폴짝폴짝

뛰어가던 개구리가 맞게 되면 죽는다는 이야기다. 무심코 던진 돌처럼 우리는 늘상 문제라는 돌에 맞는다. 내가 하는 행위 때문에 맞는 돌도 있지만, 전혀 뜬금없이 날아오는 돌도 있다. 그 돌로 인해 큰 상처를 입는다. 그 돌을 문제라고 보면 발생형 돌, 탐색형 돌, 설정형 돌이 된다. 돌 단어 대신 문제 단어로 바꾸면 발생형 문제, 탐색형 문제, 설정형 문제로 표현할 수 있다. 문제가 성장에 걸림이 될지 디딤이 될지는 문제를 대하는 태도, 문제를 진단하는 지식, 문제를 끝까지 해결하는 집념에 의해 결정된다.

장애물을 이겨내면 문이 열리고, 해결 안 되면 장애물로 인해 벽처럼 느껴진다. 문도 어찌 보면 벽과 유사하다. 하지만 문고리가 있어서 이동이 가능한 점이 다르다. 외부인 입장에서 문은 벽과 비슷한 역할을 한다. 반대로 문은 주인에게 들어갈 통로를 제공한다. 모든 문제를 해결하여 그때마다 문을 만들면 좋지만, 실상은 시도할 때마다 벽을 느끼는 경우가 더 많다. 대신 시간이 걸릴 뿐 저 벽에 조그마한 문이 생긴다는 것을 믿고, 움직이는 사람만이 통로를 만든다.

'탈Book' 프로세스 첫 단계는 문제에 대한 인식을 바꾸는 것이다. 문제에 대한 인식 다음으로 필요한 것은 문제를 구별하는 지식이 필요하다는 점이다. 문제는 어떻게 나눌 수 있을까?

세상 모든 문제의 3가지 유형

'돌' 관련 속담이 정말 많다. 오뉴월 장마에 돌도 뜬다, 돌도 십 년을 보고 있으면 구멍이 뚫린다, 돌 꼭대기에 올려놓아도 굶어 죽지 않는다, 돌을 들어 제 발등을 깬다, 틈 난 돌이 터지고 태 먹은 독이 깨진다, 지성이 지극하면 돌에도 꽃이 핀다 등등이다.

돌은 대인관계 문제, 다가올 미래, 재앙 문제, 자신의 문제, 여러 가지 상황을 비유적으로 표현한 것들이 많다. 늘 우리 생활에 던져지는 문제(돌)가 많다. 그것들은 늘상 일어난다. 기상부터 일어나기도 하고, 출근하면서 내 차 앞에 끼어들기도 해서 추돌사고가 일어나기도 한다. 지하철이 갑자기 멈추어서 지각 전쟁이 펼쳐질 수도 있다. 결국 사람이 살아 있는 한 문제는 늘 생긴다. 그것이 이치다.

돌발 상황에서 오는 문제는 인간의 힘으로 막을 수 없는 것도 있지만, 본인이 대비하지 못해서 생기는 문제도 제법 많다. 중요한 일인데 미리 해두지 않아서 훗날 큰 문제로 오는 경우도 있다.

오늘 하루 30분 운동하는 것은 하나도 급한 문제가 아니다. 운동하지 않아도 내 몸에 문제가 되지 않는다. 매일 퇴근 후 밤 10시에 술과 야식을 하는 것은 며칠 몇 주 몇 달은 아무런 문제가 되지 않을 수 있다. 하지만 시간이 누적되고 방치할수록 큰 병이 와서 재정적, 육체적, 관계적으로 엄청 힘든 상황에 놓이게 된다. 결국 문제를 좀 더 명확하게 나누면 해답을 찾아가는 과정도 단축될 수 있다.

사람마다 문제를 나누는 기준은 다양하다. 기능에 따른 문제 유형으로 나누는 사람도 있다. 회사로 보면 경리 문제, 인사 문제, 자금 문제, 판매 문제, 제조 문제, 기술 문제, 기타 문제로 나눌 수도 있다. 해결 방법에 따른 문제 유형을 나누면 창의적 문제, 논리적 문제, 융합형 문제로 나눌 수도 있다. 시간에 따른 문제 유형으로 분류하면 과거 문제, 현재 문제, 미래 문제로 나눌 수 있다.

하지만 이것들을 보편성으로 하고 우리 일상의 문제를 담기에는 부족한 면이 있다. 예를 들어서 회사로 보면 경리 문제. 인사 문제, 자금 문제 등등 이것은 개인에게 적용하기에는 적합하지 않아 보인다. 시간에 따른 분류는 한참 지나서 과거 현재 미래를 구분할 수 있지만, 당일 기준으로 과거 현재 미래를 나누기는 현실적으로 적합하지 않다. 이 글을 읽고 있는 순간에도 과거, 현재, 미래가 연속선상에 있다. 그렇기에 매일 발생하는 상황에 적합한 분류는 아니다. 추천하는 방식은 업무수행하면서 발생한 '문제유형방식'이다. 발생형 문제, 탐색형 문제, 설정형 문제로 나누는 방식이 독서를 통해서 문제 진단에 적합한 모델로 선정되었다.

'탈Book' 프로세스에서는 발.탐.설 3가지 유형으로 접근한다. 발생형 문제는 이미 일어난 문제다. 당장 걱정하고 해결하기 위해 고민이 많은 문제를 뜻한다. 두 번째 탐색형 문제는 아직 일어나지 않은 문제와 눈에 보이지 않는 문제가 해당한다. 현재 상황보다 더 개선하고 효율을 높이는 문제들이 포함된다. 문제의 목표를 명확하게 하고 접근하는 것이 좋다. 세 번째 설정형 문제는 앞으로 올 미래 상황에 대응하는 문제다. 미래 지향적인 과제를 적극적으로 설정하여 준비한다. 시간이 지나서 아무런 문제가 발생하지 않게 해결하는 방식이다.

예를 들면 인공지능이 2030년 우리 회사에 어떤 위기 또는 기회를 줄 것인지 대비하는 것도 설정형 문제에 해당한다. 문제는 독서를 통해 해결하는 좋은 방법이 없을까? 그 질문에 대한 답으로 내놓은 책이 〈코어리딩〉이다.

문제 보는 안목을 높이는 코어리딩

내가 가진 문제를 나누고, 그에 따라 질문을 할 수 있다. 책을 통해 그 문제에 대한 해결 실마리를 완벽하게 찾으려 하면 시도조차 못할 수 있다. 완벽한 정답이 아닌 가능성 있는 해답을 찾는 방식으로 코어리딩 방식을 활용하면 좋다. 잠시 코어리딩[Core-Reading]을 읽지 않은 분들을 위해 간략하나마 설명하는 시간을 갖고자 한다.

'코어리딩'이란 무엇인가? 코어리딩은 핵심을 읽어내는 것이다. 사전에서는 코어(Core)를 사과 같은 과일의 속, 사물의 중심부, 가장 중요한 심적인 중심, 신조, 가치, 원칙 등으로 정의한다. 다시 말해 과일의 씨앗처럼, 즉 가장 핵심적인 동시에 가장 본질적인 것을 일컫는다. 코어(Core)를 알면 일의 처리속도도 달라지고, 그 아웃풋이 남다르게 나올 가능성이 크다.

코어리딩을 배워 문제해결을 시도해 보자. 피상적인 현상만을 보는 것은 단순한 독서에 불과하다. 반면 코어리딩은 다양한 정보 중 나에게 필요한 핵심 포인트를 추출하고, 그 과정에서 지식과 통찰을 얻게 된다. 문제가 발생할 때 가설사고를 통해 접근 방식을 생각한다.

'우치다 카즈나리'가 쓴 〈가설이 무기가 된다〉에는 가설사고에 대한 아주 쉽고, 명확한 설명이 담겨 있다. 가설이란? '정보 수집이나 분석 작업을 시작하기 전에 미리 생각해 두는 임의의 해답'이다. 시작 전에 미리 생각해 두는 '임의의 해답'이라는 표현이 코어리딩에서 소개하는 가설사고와 일맥상통한다. 가설사고는 '임의의 해답'이라는 표현이 향후 중요한 키워드가 된다. '탈Book' 프로세스 접목에서 제일 중요한 개념 중 하나를 꼽는다면 가설사고, 즉 임의의 해답을 찾아서 문제에 적용하여 문제를 줄이거나 해결하는 것이다.

코어퀘스천 ⇨ 코어워드 ⇨ 코어인사이트 ⇨ 코어액션

4단계 중 '코어퀘스천, 코어워드, 코어인사이트'까지 가설사고이고, 코어액션이 실질적 행동이다. 탈북[Book] 4단계 프로세스하기 전 우린 3가지 문제(발생형 문제, 탐색형 문제, 설정형 문제) 중 어떤 문제인지 파악이 먼저다. 문제 형태가 정해지면 책을 읽으면서 임의의 해답을 도출한다. '임의의 해답'을 현장에 적용해 본다. 코어리딩을 하면서 문제 메타인지 능력이 향상될 수 있다. 처음부터 문제해결 메타인지가 높지 않기에 우리는 책을 통해서 간접지식과 행동, 방법을 익혀야 한다. 작가가 말한 상황과 나의 일상이 비슷할 때도 있지만, 다른 경우가 많다. 케.바.케(Case by Case)가 달라서 한 번에 책을 읽고, 해결하는 예는 드물다. 코어리딩을 더 자세히 알고 싶다면 위즈덤하우스에서 나온 〈부자의 뇌를 훔치는 코어리딩〉 필자의 책을 보실 것을 권한다.

자신의 문제를 파악하는 가장 쉬운 방법

피터 드러커 교수는 '경영학의 아버지'로 불린다. 일본이 경제대국 2위까지 갈 수 있었던 요인이 여러 가지 있지만, 그중 하나의 요인으로 피터 드러커 교수의 경영개념을 적극적으로 도입했던 나라였기에 아시아에서 최초로 선진국이 된 영광을 누렸다고 보는 경제학자들도 제법 있다. 그래서 경영학의 아버지라는 칭호를 주었는지 모른다.

피터 드러커 교수의 지혜를 이용해 우리 삶의 문제를 해결해 보자. 특히 시간관리에서 해준 원포인트 핵심은 '당신의 시간을 기록하라'는 말이다. 경영학 구루가 하는 말 치고는 너무 심플한가? 아니다. 직접 해보면 느낄 수 있다. 시간관리에 있어서 0순위는 우선순위도 아니고 시간관리도 아니라고 했다. 그는 당신의 시간을 기록하는 것으로부터 출발하라고 강력히 권고한다. 역시 명쾌하다. 여러분들이 일주일간 어떤 문제가 발생했는지 사건 중심으로 기록해 본다. 내게 발생형 문제가 많은지, 설정형 문제가 많은지, 탐색형 문제가 많은지 알 수 있게 된다. 대부분 발생형 문제가 도배를 이룬다. 급하지 않지만 중요한 일을 미리 해둔 사람은 점점 발생형 문제 덫에서 빠져나올 수 있다.

주간 플래너를 보게 되면, 거의 90%가 발생형 문제이고 탐색형 9%, 설정형 1% 정도 되는 것이 일반 사람들 패턴이다. 기업들도 마찬가지다. 눈앞에 보이는 캐쉬카우만 신경 쓰는 기업이 많다. 자칫 잘못하면 영원히 사라지는 기업이 될 수 있다.

캐쉬카우가 발생형 문제라면 미래의 경쟁력은 설정형 문제에 해당한다. 기업들이 자주 하는 말 가운데 일명 '미래먹거리'에 해당하는 것이 탐색형, 설정형 문제에 해당한다. 이 개념을 이해하면 개인도 발생형 문제 비중을 낮추면서 탐색형, 설정형 문제해결을 늘려야 한다는 당부를 이해할 수 있다. 3주간 여러분들 일상을 기록하면, 나는 어떤 문제를 지속해서 해결하면서 살아가고 있는지 알 수 있게 된다. 매달 발생형 문제의 비중을 50% 줄이고, 탐색형 40%, 설정형 10% 비중으로 포트폴리오를 구성하는 분이 있다면 3년 뒤, 5년 뒤 남다른 문제해결 능력의 소유자가 된다.

통제할 수 없다는 착각을 버려라

발생형 문제에는 통제 가능한 문제와 통제 불가능한 문제가 있다. 갑자기 중앙차선을 침범한 내 차에 접촉사고를 내는 경우, 지나가는데 싱크홀이 생겨서 차 바퀴가 빠지는 경우, 맑은 날에 갑자기 우박이 떨어져서 차 유리가 깨지는 경우, 부모님이 갑자기 치매에 걸린 경우, 자고 있는데 주변 나라가 전쟁을 일으키는 경우 등 우리가 통제하기 어려운 다양한 발생형 문제가 있다. 통제할 수 없는 문제보다 통제 가능한 문제를 찾는 것이 중요하다.

출퇴근 시간에 도로 사정으로 지각을 종종 하는 문제가 생긴다면 이것은 얼핏 보면, 도로 사정을 통제하지 못해서 발생하는 문제로 오해하기 쉽다. 집에서 1시간 일찍 출근한다면 아무리 도로가 막혀도 지각확률은 떨어진다. 회사에서 늘 마감을 늦게 해서, 주 5일 중 3일을 혼난다면 이것은 이성이 통제되지 않는 상사의 마음이다. 즉 통제 불가능한 영역이라고 생각할 수 있다. 정말 그럴까? OA와 컴퓨터 실무능력이 부족해서 남들보다 보고서를 작성하는데 시간이 걸려서 혼날 수도 있고, 회의 시간에 핵심을 잘 듣지 않아서 자신만의 생각으로 보고서를 작성하여 혼난 이유일 수 있는데, 당사자는 그렇게 생각하지 않고 오해만 할 수 있다. 즉, 답이 있는 문제인데 답이 없는 문제라고 오해해서 시간만 허비하면서 보내는 문제들이 있다. 이제 좀 더 다른 시각을 통해 내가 통제할 수 없다고 하는 문제에 해결이 가능한 문제일 수 있다는 관점을 가질 필요가 있다. 자주 안 되는 문제, 고민이 되는 문제를 가지고, 문제해결을 위한 책 읽기가 중요하다. 실제 사례를 통해 발생형 문제 해결방식을 익혀 보자.

매일 30분씩 주 3회 지각하여 동료, 상사에게 눈치를 안 받고 싶다면 어떻게 방법을 찾아야 할까? 그럼 팩트가 중요하다. 32세 남자, 회사 위치는 문정역 부근, 집은 경기도 고양시 대화역 부근이다.

지하철만 1시간 37분 걸린다. 집에서 대화역까지 15분, 문정역에서 회사까지 5분, 거의 2시간이 소요된다. 퇴근도 6시 정각에 해주면 좋은데 고객들이 퇴근 이후 요청을 많이 하는 IT민원 업무 부서다. 그래서 조금만 하게 되면 저녁 7시 30분 퇴근을 하는 일이 빈번하다. 저녁 7시 40분 지하철을 타면 집에 10시에 파김치가 되어 도착한다. 가족들과 늦게 식사하고, 시간을 보내다 보면 새벽 1시가 일상이다. 그렇게 피곤한 상태로 자고 일어나면 아침 6시가 된다. 대충 세면 후 나갈 준비를 한다. 집에서 6시 50분 마을버스를 타고 대화역으로 가 운이 좋으면 7시 5분 차를 타고 놓치면 7시 10분 차에 탑승한다.

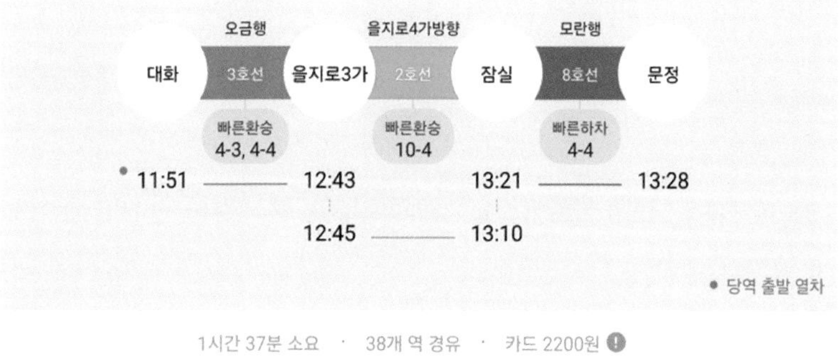

이 내막을 보면 하루 출퇴근 4시간을 하는 힘든 사례다. 이제 코어리딩 방법을 통해 근본적인 김석천 발생형 문제해결을 시도해 보자. 32세 IT직장인의 현실적인 문제다. 서점에 간 김석천 씨는 출퇴근 4시간에 지치고 업무도 잘 안 되는 이 문제를 해결할 방법이 있을까 하는 마음에 시내 큰 서점에 들렀다. 둘러보는 중에 책 한 권이 눈에 들어온다.

'카스파파'라는 필명으로 책을 쓴 〈이기적 1시간〉이라는 단어에 시선이 빼앗겼다. 〈이기적 1시간〉 책 뒤표지에 이기적으로 보낸 시간이 쌓여 인생을 통째로 바꾼다!는 문장에서 마음이 요동친다. 정말 이게 가능해? 왠지 자신이 처한 문제에 대해서 솔루션이 있을 것 같은 〈이기적 1시간〉을 선택했다.

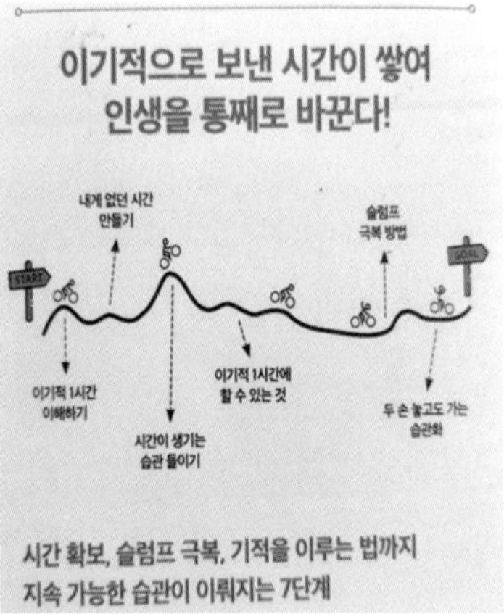

〈이기적 1시간〉 책을 가지고 코어리딩을 해보기로 결심한 김석천 씨 실제 사례다.

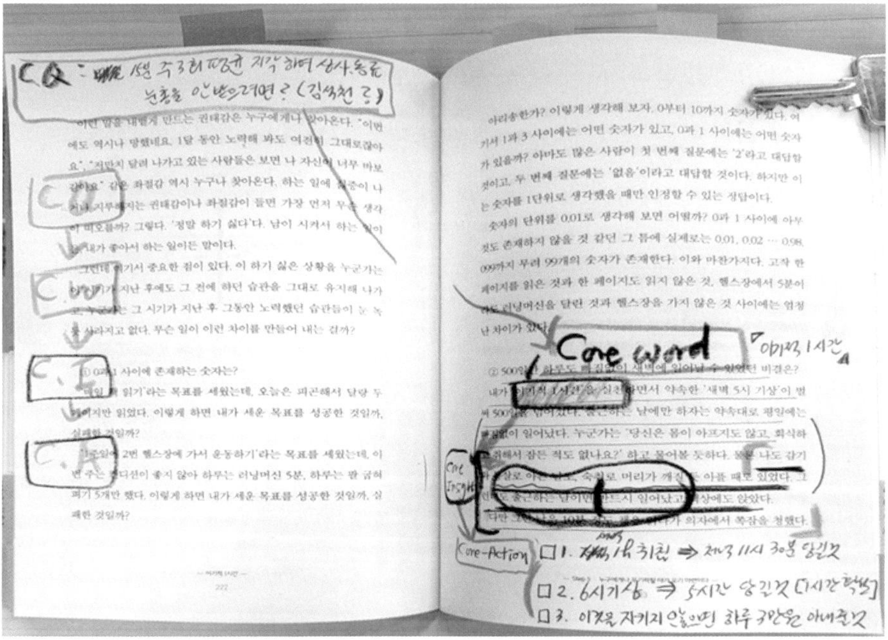

C.Q [Core–Question] : 주 3회 15분 지각하여 상사&동료 눈총을 안 받으려면 어떻게 해야 할까?

222~223페이지에서 실마리 코어워드[Core–word] '이기적 1시간'을 발견하였다. 이젠 이기적 1시간을 어떻게 해야 할지 저자의 비결을 찾아서, 내 것으로 바꿀 수 있는 소스 찾기로, 바로 코어인사이트[Core–insight]에 해당한다.

코어인사이트[Core–insight]는 "몸살이 나는 날도, 숙취로 머리가 깨질 듯 아플 때도 있었다. 그렇게 힘든 날도 반드시 일어났고, 책상에도 앉았다. 피곤하더라도 10분 책보다가 나머지 50분을 쪽잠에 취했다."였다. 정말 자신과 같은 상황이어서 그런지 이 부분에 느낌이 왔다고 한다. 사실 전혀 중요해 보이지 않는데 말이다.

김석천 씨는 코어인사이트 정리된 내용을 보고, 코어액션[Core-action] 3가지를 작성했다.

코어액션

1. 저녁 취침을 새벽 1시에서 p.m 11시 30분으로 당길 것
2. 6시 기상을 5시 기상으로 1시간 앞당길 것
3. 두 가지 액션을 지키지 않으면 페널티로 하루 3만 원을 아내에게 줄 것

30만 원씩 받는 용돈에서 7회 지키지 않으면 21만 원 빼앗긴다. 결국 현실적으로 자신의 생활이 궁핍해지고, 힘들기에 시간이 지날수록 5회, 3회 그렇게 하다가 한 푼도 나가지 않는 상황으로 바꾸어야만 자신의 생활이 가능해진다.

그동안 코칭을 통해 만났던 여러 인물의 교집합으로 각색을 해 나온 인물이 김석천이다. 직접 책을 통해 해결하는 프로세스를 설명하기 위해서 필자가 직접 작성한 사례다. 이제 여러분들은 자신이 가진 발생형 문제를 어떻게 해결하는지 김석천 씨 사례 샘플을 보면서 어떻게 해야 할지 알게 되었다.

'탈Book' 어떤 분들에게 도움이 될까?

사람들은 책을 읽지만, 그것을 자신의 삶 속의 문제를 적극적으로 해결하는데 접목을 시키는 것은 어려워한다. 이를테면 김석천 씨 사례뿐 아니라 실제로 이런 고민을 가지고 연구소에 다양한 직업군과 성별이 다른 분들이 오셨다. 오신 분들에게 '탈Book' 개념을 접목한 코어리딩에 대하여 7시간 정도 당일 워크숍을 진행했다.

24년 중반쯤이다. 다들 집에 가셔야 하는데 좀 더 이야기를 나누자는 이야기에 한 시간 차 마시는 시간을 가졌다. 주고받은 내용은 이랬다.

"헬스도 PT 선생님이 있는데, 독서 아웃풋 분야에 왜 실행 PT, 성과 PT 선생님은 없는지요."

"왜 없어요. 주변에 독서를 지도하는 분들이 얼마나 많은데요…."

단지 그분들을 찾지 못했을 뿐이라고 이야기해 드렸다. 아마 7시간 당일 수업이 마음에 들어서 제 기분 좋아지라고 한 이야기로 생각했다. 물러설 기미는 보이지 않았고, 나조차도 '탈Book' 4단계 프로세스가 다양한 직종 분야에 접목이 되어 동일한 아웃풋이 생길지 궁금하던 상황이었다. 보편성을 가져보자는 의미에서 5명이 아닌 좀 더 인원을 확대해 30명 정도 해보는 것으로 이야기를 약속하고 시작된 것이 '탈Book' 프로젝트이다.

어떤 분들에게 '탈Book' 프로젝트가 필요할까? 물어 보신다면 다음과 같은 분들이라고 말하고 싶다.

1. 삶의 에너지가 바닥이 나서 건강이 안 좋은 분들
2. 책을 읽어도 성과가 나지 않는 분들
3. 책 읽기 중독에 빠진 분들
4. 발생형 문제를 해결하지 않고 지속해서 미루는 분들
5. 자신의 시간관리, 성과관리가 안 되는 분들
6. 문제해결력이 부족해서 본업에서 힘든 분들
7. 책을 읽어도 어떻게 적용을 해야 할지 모르는 분들
8. 자신의 전문성을 키워 브랜드를 만들고 싶은 분들

이중에 여러분들에게 2가지 정도 해당이 되는 분들이라면 지금부터 다음에 나오는 내용을 적극적으로 참여하면서 읽어보자. '탈Book' 4단계 프로세스 습득은 하루 30분, 60일이면 체득할 수 있다. 60일 뒤 당신도 책을 통해 많은 문제를 해결하는 경험을 하게 된다.

02

'탈Book' 4단계 프로세스

책을 읽기만 하는 형태로 더 나은 아웃풋을 낼 수 없다. 텍스트 중심의 책 읽기, 한번 앞부터 읽으면 교과서처럼 다 읽은 후에 멈추는 방식으로 실행력을 올리기는 어려웠다. 자신의 문제는 해결하지 못한 채 내일로 모레로 미룬다. 미룸의 결과로 문제가 풍선처럼 부풀어 오른다. 운이 좋게 터지기 전에 간신히 실행한다. 자신이 처한 문제를 해결한 후 차분하게 책을 읽는다면 어떨까? 하루 60분 '탈Book' 책 읽기로 고질적인 '실행 저체력'을 고쳐 보자

0단계: 환경 세팅

'탈Book' 4단계 프로세스를 배우기 전에 기본값 설정이 필요하다. 전날 무엇을 했는지에 따라서 다음 날 아침 컨디션이 결정된다. 단기간이면 정신력으로 극복할 수 있지만, 중장기적으로 어렵다. 중장기 레이스를 성공적으로 마치려면, 한주가 시작되기 전 일요일에 판결이 확정된다. 평소보다 일찍 1시간 식사를 앞당기고, 취침도 평소보다 한 시간을 당기는 것에서 출발한다. 월.화.수 할 일을 대충 15분 정도 알람을 설정한 후 계획을 세워 본다. 딱 두 가지만 하면 된다. 식사 시간과 취침 시간 1시간 앞당기기와 3일 일정 계획을 15분 정도 끄적끄적하는 것이다. 약속된 시간 15분이 되면 멈추면 된다. 또 한 가지, 혼자 하면 중간에 쉽게 포기할 수 있으니 함께 하고자 하는 분들 3~5분을 모은다. 그리고 '탈Book' 프로젝트 방을 카톡방 또는 소통이 가능한 방을 만든다. 여기까지 준비하면 '탈Book' 프로젝트를 시작할 준비가 된 셈이다. 이제 본격적으로 탈북 4단계 프로세스를 소개한다.

1단계: 생존신고

2단계: 오.여.기 미션

3단계: 60일 집중아웃풋 미션

4단계: '선승관리'로 1년 뒤 아웃풋 미션

여러분들의 이해를 돕기 위해서 실제 '탈Book'방에서 진행되는 내용을 토대로 설명해 드리고자 한다.

1단계: 생존신고

'탈Book' 프로세스 4단계 중 첫 번째 '생존신고'를 알아보자. 왜 생존신고일까? 매일 단순 반복이 아닌 0.1% 차이 나는 환경 세팅이 필요하다. 가치가 있는 0.1% 행동은 시간이 흐를수록 놀라운 결과로 돌아온다. 산술적으로 0.1%씩 1,000일을 하게 되면 100% 수치가 나온다. 과연 그럴까?

'탈Book' 프로젝트는 새벽에 일어나는 컨디션에 달려 있다. 억지로 일어나서 억지로 하는 방식은 결국 중간에 멈춘다. 생존신고를 잘하기 위해서 정신력과 의지력이 필요 없다. 바로 전날 6시간 무엇을 하느냐가 결정한다. 이불속 유혹과 안방 문지방을 넘는 방법은 당일날 아침이 아닌, 전날 하는 행동에 달려 있다. 하지만 이것을 말씀드려도 지키는 분은 많지 않은 것이 현실이다.

수십 년간 해온 습관을 하루아침에 바꾸기는 불가능에 가깝다. 그래서 우리에게 특별 장치가 필요했다. 그것을 해내는 방식으로 '생존신고'를 첫 단계로 요청한다. 여러분 침실에서 거실로 나오기까지 장애물이 있다. 안락한 이부자리를 박차고 가장 높은 안방 문지방을 넘는 것은 보통 어려운 일이 아니다.

'생존신고'는 탈북[book] 프로세스의 중요한 행동이다. 침대에서 나와 새벽 공부를 할 수 있는 곳까지 이동만 하게 한다면 절반은 성공이다. 새벽 기상은 단기간 정신력으로 가능하지만, 작심삼일로 끝날 가능성이 크다. 처음에는 자신의 기상보다 30분 정도 당기는 것을 권한다. 본래 일찍 일어나는 습관을 지닌 분과 올빼미형들은 새벽 시간 기상미션 난이도가 하늘과 땅 차이이다.

처음 시작한 분들은 30분 정도 공부를 목표로 삼는 것도 합리적이다. 그렇다면 새벽 공부를 혼자서 하면 되지 꼭 줌을 이용해 함께 공부해야 하는 이유를 물으실 수 있다. 이미 혼자서 잘하시는 분은 탈Book 프로세스 배우시고 혼자서 하셔도 된다.

이 책은 혼자서 공부하기 힘들고 중도에 포기 잘하고, 끝까지 해내지 못한 분들에게 도움을 주는 책이다. 혼자서 집에서 공부하는 학생도 있지만 도서관, 스터디카페에서 공부하는 분들이 많다. 공부하다가 조금만 피곤하면 누울 수 있는 집에 비해, 외부에서는 그것이 쉽지 않기에 다들 선호한다. 그렇다면 집에서도 이 방법이 될 수 없을까? 고민하면서 찾아낸 것이 함께하는 새벽 탈Book방이다. 스터디카페 느낌을 집에서도 살려 그와 같은 유의미한 성과를 내보자는 취지다.

'생존신고'를 하지 않으면 기존 공부랑 별반 다르지 않게 된다. 줌 화면을 켜고, 30분~1시간 정도 각자 시간을 정해 화면 켜놓고 공부한다. 일명 '줌스터디' 카페다. 새벽과 아침에 공부하다 보면, 화면에서 공부하는 동기들의 모습이 촉매가 된다. 할 수밖에 없는 환경이 '생존신고 1단계'가 갖는 의미다.

생존신고를 하게 되면서 하루 이틀이 결국 백일이 된다. 기상이 점점 습관이 된다. 일어나는데 쓰는 에너지가 점점 줄어들면서, 에너지를 공부 쪽으로 더 사용할 수 있다. 새벽 R&D(Research and Development) 시간이 즐거워진다. '생존신고'는 자신의 얼굴이 아닌 읽고 싶은 책 & 마실 음료, 공부하는 교재를 찍는 것이 중요하다. 즉 내가 공부하기 위한 상황을 만들고 1미터 주변을 넓게 찍어 올리는 것이다.

1단계 '생존신고'를 통해 방해받지 않는 1시간을 확보한다. 방해받지 않는 연속성이 핵심이다. 그 방해받지 않는 시간을 확보해서 문제해결을 할 실마리를 찾으면 된다. 여기서 왜 꼭 새벽과 아침에만 해야 하는지 이의제기를 하실 수 있다. 본인의 바이오리듬이 저녁과 늦은 시간에 적응된 분들은 반대로 하시면 된다. 저녁 9시부터 10시까지 한다면 휴대폰을 반드시 매너모드 또는 비행기 탑승모드로 해놓고 하는 것이 필수적이다. 그런데 저에게 왜 저녁에는 하지 않느냐고 물어보신다면 본인 의사와 상관없이 어떤 일들이 많이 발생한다. 그래서 연속적으로 해나가는 것이 어렵기 때문이다. 실제 '탈Book' 채팅방에 신고하는 2분의 인증사진이다. 찍고 올리는데 5초도 안 걸린다. 5초의 행동이 새벽 시간 확보에 중요한 열쇠가 된다. 사진을 보시면 그리 어렵지 않은 것을 알 수 있다.

Have a nice
Day Protein

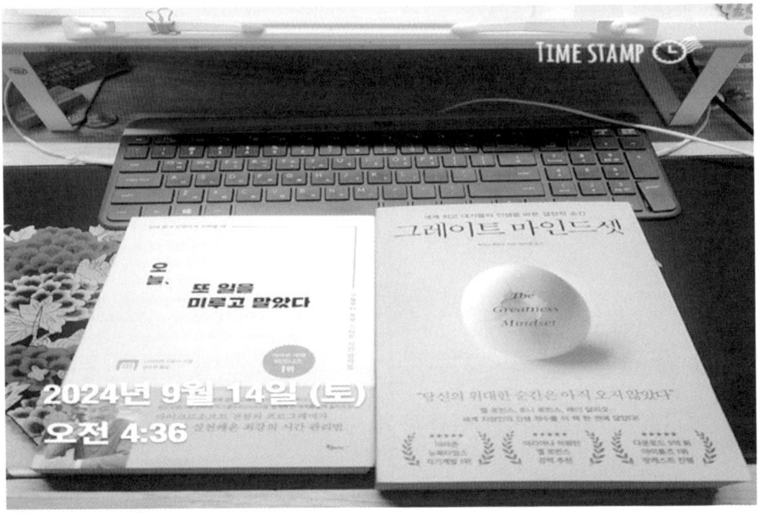
TIME STAMP
오늘,
또 일을
미루고 말았다
그레이트 마인드셋
The
Greatness
Mindset
"당신의 위대한 순간은 아직 오지않았다"
2024년 9월 14일 (토)
오전 4:36

스템프기능을 이용해서 찍는 회원들도 있다. 중요한 것은 안방 문턱을 넘어, 공부 장소로 옮기는 것이다. 책 보는 것이 힘들다면, 자신이 좋아하는 유튜브를 시청하면 된다. 생각보다 잠과의 싸움이 어렵다.

초반에 지루함을 극복하면서 습관 들이기 좋은 방법으로 강의를 들으면서 자신만의 노트에 약간 요약하는 방식을 소개한다. 대신 30분을 공부한다면 유튜브 시청 25분, 독서 5분으로 편성하는 것이 팁이다. 독서 습관을 갖게 하는데 5분은 꼭 필요하다. 5분 가지고 될까? 의구심은 한 달만 해보면 해소된다. 5분이 7분, 10분, 30분으로 늘어난다. '생존신고'를 통한 아웃풋이 나오기 시작하면 탄력이 더 붙는다. 초반에는 무리하지 말자. 책은 적게 읽으면서, 해결하고 싶은 분야 유튜브 일타강사와 친해져라. 친해진 강사님의 책은, 여러분이 읽고 싶은 책이 되는 연결고리가 된다.

2단계: 오.여.기 미션

1단계 '생존신고'는 환경 세팅과 생체리듬을 조정하는 데 목적이 있다. 2단계는 오.여.기 미션이다. '오.여.기' 뜻은 "오늘 여기까지 읽고 행동하기" 줄임말이다. 오늘, 내일 가까운 시간 안에 꼭 해결해야 할 문제가 있다. 책 속 내공이 있는 저자의 도움을 받아서, 실행할 방법을 찾아내서 그냥 대충 적으면 된다.

기존 책을 읽고 작성하는 것과 오.여.기 방식으로 책을 읽는 차이

점은 무엇일까? 형태는 같지만, 결과는 천지차이다. 책을 읽는 사람들에게 관성이 있다. 계속 읽고 싶다는 욕구다. 모든 시간을 읽는데 할애한다. 그 결과 실행력이 현격히 줄어든다. 주야장천(晝夜長川) 활자만 본다. 읽게 되면 실행한 기분이 든다. 읽기만 하는 독서, 이젠 끝내야 한다. 읽는 독서의 방점을 찍는 것이 '오.여.기'다. 30분 안에 읽고, 발생형 문제 실마리[Core-word]를 찾아 사소한 적용을 한다. 저자가 적용했던 그대로 활용해도 되고, 아니면 꽂히는 단어를 보고 머릿속에 떠오르는 생각을 적어도 된다. 나와 저자 생각이 결합하면 코어인사이트[Core-insight]가 된다.

여러분의 이해를 돕기 위해서 '탈Book'방 정진숙님의 오.여.기 미션의 실행 사례를 보면 이해가 쉽다.

이분은 오피스 부동산을 26년 1월에 잔금을 치르고 들어가는 문제를 가지고 있다. 새벽마다 관련된 책을 읽고, 생각과 행동의 방향을 정하고 있다. 향후 경기침체가 올 경우를 예상하고 있다. 경기가 나빠져서 본인이 분양했던 평수보다 덜 사용할 가능성이 있기에 임대도 고려해 보는 중이다. 공실 위험성에 대비하고, 좀 더 나은 임차 환경을 만들고 싶다는 니즈가 잘 드러난다. 최종적인 코어액션을 보게 되면, 실사용 목적이 아니라 해도 공실 기간에 사무실을 이용하려면 사업계획서가 필요한가? 자신의 의구심을 기록했다.

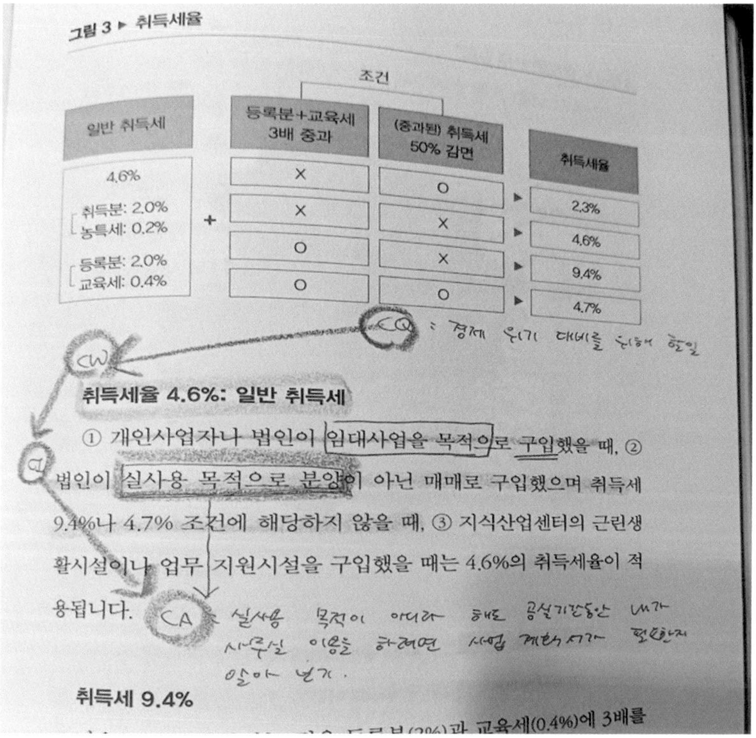
그림 3 ▸ 취득세율

일반 취득세	조건: 등록분+교육세 3배 중과	조건: (중과된) 취득세 50% 감면	취득세율
4.6% 취득분: 2.0% 농특세: 0.2% 등록분: 2.0% 교육세: 0.4%	×	O	2.3%
+	×	×	4.6%
	O	×	9.4%
	O	O	4.7%

취득세율 4.6%: 일반 취득세

① 개인사업자나 법인이 임대사업을 목적으로 구입했을 때, ② 법인이 실사용 목적으로 분양이 아닌 매매로 구입했으며 취득세 9.4%나 4.7% 조건에 해당하지 않을 때, ③ 지식산업센터의 근린생활시설이나 업무 지원시설을 구입했을 때는 4.6%의 취득세율이 적용됩니다.

취득세 9.4%

오.여.기 미션은 잘하겠다는 부담감을 떨쳐 내는 것이 중요하다. 정답을 맞추는 압박감도 내려놓아야 한다. 생각나는 대로 적는 것이 제일 중요하다. 문제를 쪼개서 하루에 작은 실행을 하는 것이 핵심이다. 설사 내가 생각한 내용이 현실에 적용했을 때 아무것도 해결이 되지 않아도 괜찮다. 왜 괜찮을까? 다시 하면 된다. 또 다른 구성원의 오.여.기 미션을 보자.

40대 중반의 여성이 작성한 또 하나의 사례가 있다. 코어퀘스천[Core-question]은? 고혈압 약을 먹어야 하는가? 이 질문에 대한 힌트를 줄 코어워드[Core-word]를 찾으면 된다.

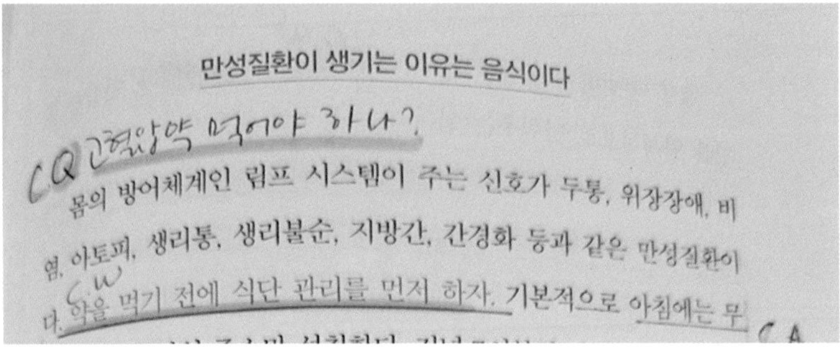
만성질환이 생기는 이유는 음식이다

CQ 고혈압약 먹어야 하나?

몸의 방어체계인 림프 시스템이 주는 신호가 두통, 위장장애, 비염, 아토피, 생리통, 생리불순, 지방간, 간경화 등과 같은 만성질환이다. 약을 먹기 전에 식단 관리를 먼저 하자. 기본적으로 아침에는 무

“약을 먹기 전에 식단관리를 하자”는 부분이 코어워드[Core-word]다.

그럼 이젠 코어인사이트[Core-insight]를 찾아서 밑줄을 치면 된다.

1. 저자는 독소와 노폐물 배출을 통해 혈액순환을 잘되게 하고, 인슐린 저항성을 정상화하는 게 중요하다.
2. 동물성 식품과 포화지방 섭취를 줄이자. 또한 식물성 기름과 양도 문제가 될 수 있다.
3. 포화지방을 줄이기 위해 산화질소가 필요한데 채소 과일식을 하자는 내용이다.

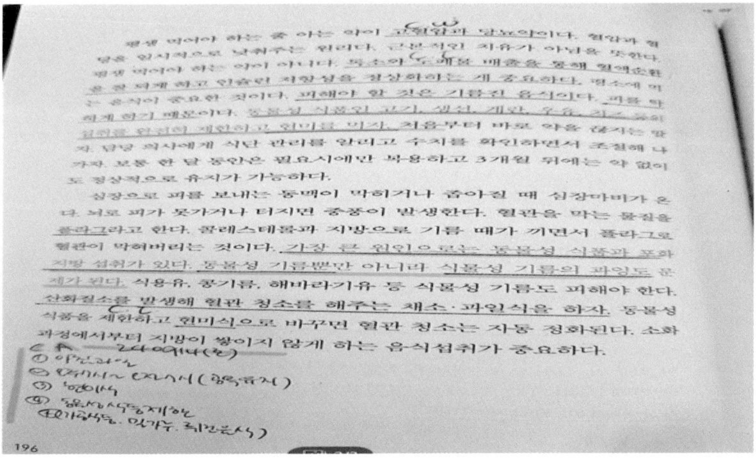

평생 먹어야 하는 줄 아는 약이 고혈압과 당뇨약이다. 혈압과 혈당을 일시적으로 낮춰주는 원리다. 근본적인 치유가 아님을 또한다. 평생 먹어야 하는 약이 아니다. 독소와 노폐물 배출을 통해 혈액순환을 잘 되게 하고 인슐린 저항성을 정상화하는 게 중요하다. 평소에 먹는 음식이 중요한 것이다. 피해야 할 것은 기름진 음식이다. 피를 탁하게 하기 때문이다. 동물성 식품인 고기, 생선, 계란, 우유, 치즈 등의 섭취를 완전히 제한하고 현미를 먹자. 처음부터 바로 약을 끊지는 말자. 담당 의사에게 식단 관리를 알리고 수치를 확인하면서 조절해 나가자. 보통 한 달 동안은 필요시에만 복용하고 3개월 뒤에는 약 없이도 정상적으로 유지가 가능하다.

심장으로 피를 보내는 동맥이 막히거나 좁아질 때 심장마비가 온다. 뇌로 피가 못가거나 터지면 중풍이 발생한다. 혈관을 막는 물질을 플라그라고 한다. 콜레스테롤과 지방으로 기름 때가 끼면서 플라그로 혈관이 막혀버리는 것이다. 가장 큰 원인으로는 동물성 식품과 포화지방 섭취가 있다. 동물성 기름뿐만 아니라 식물성 기름의 과잉도 문제가 된다. 식용유, 콩기름, 해바라기유 등 식물성 기름도 피해야 한다. 산화질소를 발생해 혈관 청소를 해주는 채소·과일식을 하자. 동물성 식품을 제한하고 현미식으로 바꾸면 혈관 청소는 자동 정화된다. 소화 과정에서부터 지방이 쌓이지 않게 하는 음식섭취가 중요하다.

196

책 하단 여백에 자신이 적용할 코어액션[Core−Action]을 2~4가지 적어본다. 어렵지 않다. 저 4가지 코어액션 중 가장 쉬운 것부터 적용하면 된다. 특히 실행이 10분 안에 가능하다면 코어액션을 적자마자 바로 실행하는 것이 중요하다.

10분 만에 올라온 사진이다. 그녀는 바로 적용했다. 책을 읽은 즉시 시도했다. 바로 과일을 먹기 시작한 것이다. 그녀의 피드백은 늘 읽을 때는 하겠다는 마음이 가득했다. 책을 본 후 시간이 지나면 잊어먹는다. 하루가 지나 건강 책이 아닌 다른 책을 읽다 보면, 과일 식사 챙긴다는 애초 생각은 사라진다. 일상적으로 독서하는 사람들 패턴이다.

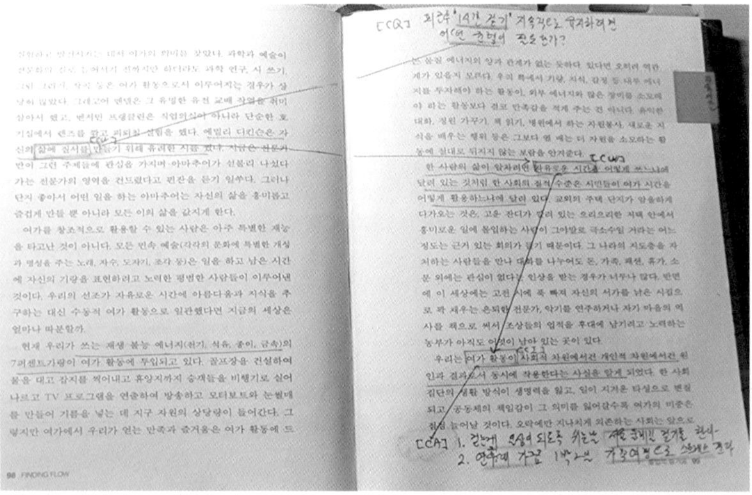

탈북방 50대 후반 남자 멤버분 오.여.기 미션이다.

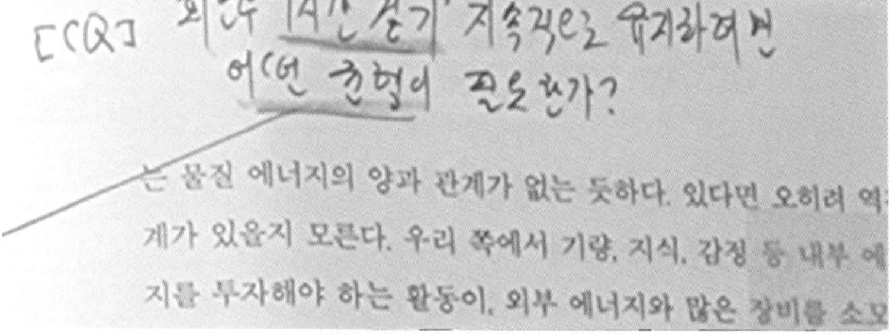

코어퀘스천[C.Q]: 퇴근 후 1시간 걷기 지속해서 유지하려면 어떤 균형이 필요한가? 이 질문을 가지고 책을 보고 있다.

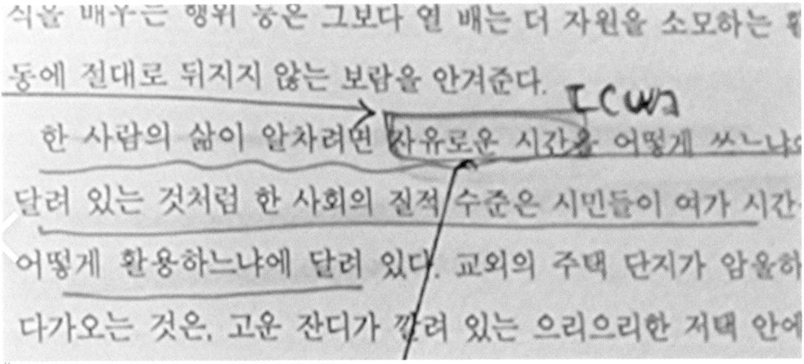
식을 배우는 행위 등은 그보다 열 배는 더 자원을 소모하는
동에 절대로 뒤지지 않는 보람을 안겨준다.
한 사람의 삶이 알차려면 자유로운 시간을 어떻게 쓰느냐
달려 있는 것처럼 한 사회의 질적 수준은 시민들이 여가 시간
어떻게 활용하느냐에 달려 있다. 교외의 주택 단지가 암울하
다가오는 것은, 고운 잔디가 깔려 있는 으리으리한 저택 안에

책을 보던 중 '자유로운 시간'이라는 단어가 눈에 들어온다. 실마리가 될 것처럼 느껴져 코어워드[C.W]로 선정했다. 코어워드 선정 시 정답을 맞춘다는 압박감이 아닌 자신의 눈에, 자신의 가슴에 남는 단어를 선정하면 된다. 자율성이 주는 추진감은 무엇과도 바꿀 수 없다. 남이 아닌 스스로 찾아낸 퍼즐조각은 다음 행동을 유도한다. "코어인사이트[Core-insight]: 여가활동 시간을 활용하면 괜찮다"라는 저자의 생각에 동의가 된다. 이 생각을 구체적으로 나에게 접목하면 코어액션[Core-action]이다.

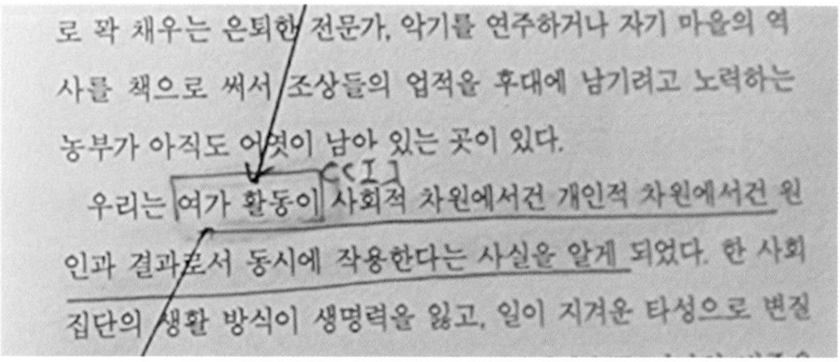
로 꽉 채우는 은퇴한 전문가, 악기를 연주하거나 자기 마을의 역
사를 책으로 써서 조상들의 업적을 후대에 남기려고 노력하는
농부가 아직도 어엿이 남아 있는 곳이 있다.

[CI]

우리는 여가 활동이 사회적 차원에서건 개인적 차원에서건 원
인과 결과로서 동시에 작용한다는 사실을 알게 되었다. 한 사회
집단의 생활 방식이 생명력을 잃고, 일이 지겨운 타성으로 변질

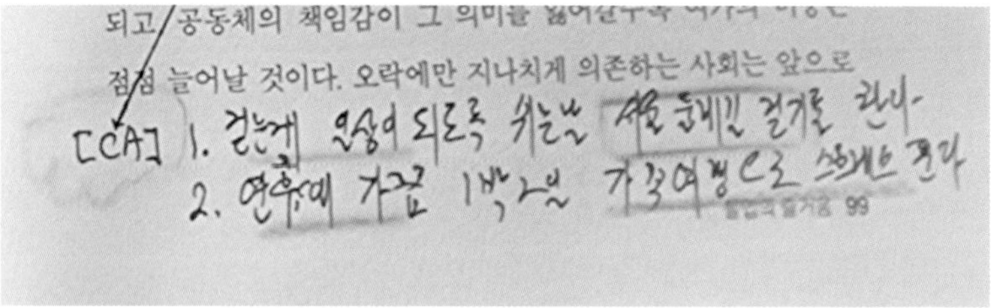
되고, 공동체의 책임감이 그 의미를 잃어갈수록 여가의 이용은
점점 늘어날 것이다. 오락에만 지나치게 의존하는 사회는 앞으로

[CA] 1. 걷는게 일상이 되도록 쉬는날 서울 둘레길 걷기로 한다.
2. 연휴때 가끔 1박2일 가족여행으로 스트레스 푼다

몰입의 즐거움 99

코어액션[Core–Action]: 1. 걷는 게 일상이 되도록 쉬는 날 서울 둘레길 걷기로 했다. 2. 연휴 때 가끔 1박2일 가족여행으로 스트레스 푼다. 이렇게 적었는데 이것은 코어액션보다 코어인사이트에 가깝다. 그래서 이광배 선배께 전화를 드려 숫자와 기한을 적어보고 추석 연휴 때 9.14.~9.19. 사이에 서울둘레길 가는 날짜와 시간을 적어보는 것을 권했다.

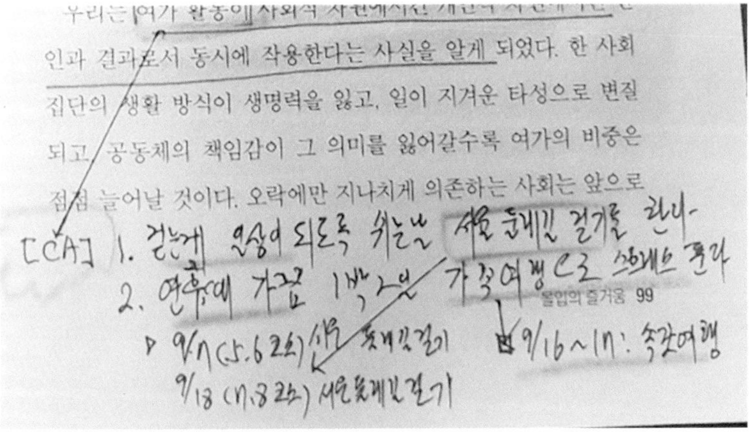
인과 결과로서 동시에 작용한다는 사실을 알게 되었다. 한 사회
집단의 생활 방식이 생명력을 잃고, 일이 지겨운 타성으로 변질
되고, 공동체의 책임감이 그 의미를 잃어갈수록 여가의 비중은
점점 늘어날 것이다. 오락에만 지나치게 의존하는 사회는 앞으로

[CA] 1. 걷는게 일상이 되도록 쉬는날 서울 둘레길 걷기를 한다.
2. 연휴때 가급적 1박 2일 가족여행으로 스트레스 푼다
9/17 (5.6코스) 서울 둘레길걷기
9/18 (7.8코스) 서울둘레길걷기
9/16~17: 속초여행

몰입의 즐거움 99

약속된 날짜에 탈북방에 인증사진을 완료하게 되면 코어액션을 실행한 것이다. 한 번 두 번 지속적으로 실행이 쌓이면, 실행력이 이제는 약점이 안 된다.

생활 속 격언 중 이런 통찰을 주는 문구가 있다. '물고기의 비늘은 자신이 지나온 파도를 기억한다'는 말이 있다. 물고기 비늘은 수많은 경험이 축적되어 있기에 매일 힘든 여건에서 살아남을 수 있도록 돕는다는 이야기가 아닐까?

오.여.기 미션을 지속하면, 여러분 몸에 '실행비늘'이 생긴다. 물고기에게 비늘이 있다면, 사람에게 손과 발이 비늘 역할을 한다고 본다. 같은 경험이 손과 발에 축적이 된다. 실행력이 약하고 꿈을 이루기 연약한 존재가 아니다. 단지 안 했기 때문이다. 사소하게 오.여.기 미션을 하게 되면, 숨겨진 실행 욕구가 되살아난다. 오.여.기 미션이 사소해 보이지만 전혀 사소하지 않다. 딱 15일만 해보자.

3단계: 60일 집중 아웃풋 미션

탈북방 멤버가 올려놓은 내용을 캡쳐해둔 사진이다.

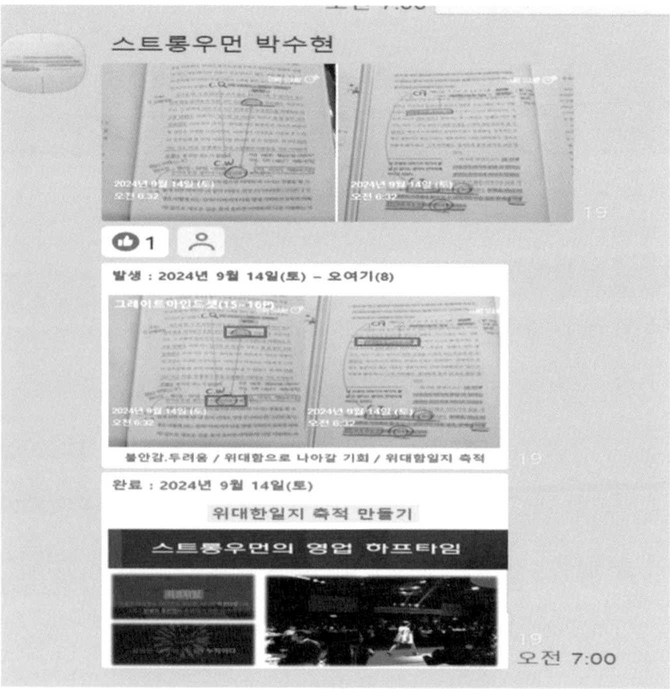

오.여.기 미션을 매일 하는 방식도 있지만 60일간 한 아웃풋에 집중하는 방식도 있다. 60일간 자신이 이루고 싶은 것을 집중적으로 해결하는 방법이다. 영업에 뛰어난 스트롱 우먼이 되자. 60일 집중 아웃풋 미션이다.

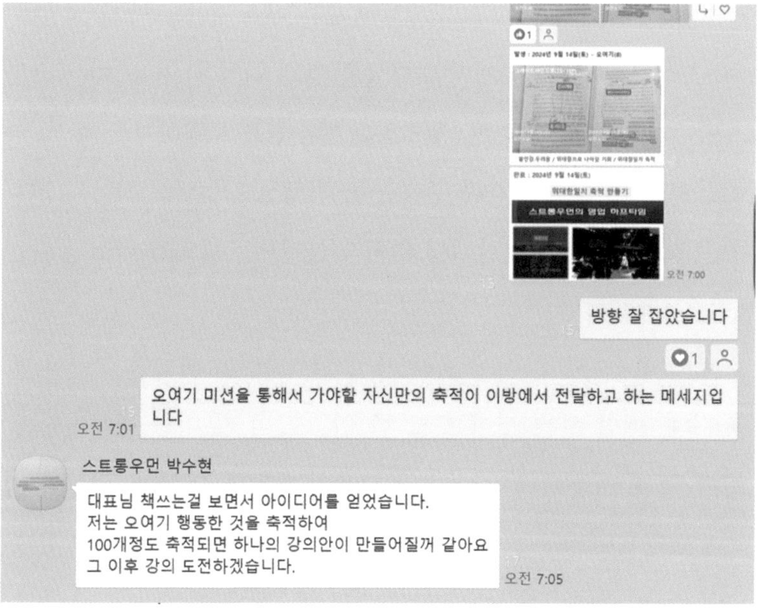

매일 하는 일이 따로 놀면서 사라지지 않고 꿰는 작업을 하게 된다. 작은 보람을 느낀 순간이다. '구슬이 서 말이라도 꿰어야 보배'라는 격언이 있다. 오.여.기 미션을 통해 해결하는 과제는 기회의 문을 여는 통로가 된다. 매일 '1,440분'이 주어진다. 주어진 시간은 동일하지만, 시간을 대하는 자세와 태도는 다르다. 하루 30분을 활용하여 남.다.생&남.다.행 능력을 키우자. 남.다.생(남과 다른 생각), 남.다.행(남과 다른 행동)이다. 두 가지가 가능한 것이 '오.여.기 미션'과 '60일 집중아웃풋'이다.

호기심에 박수현님에게 전화를 걸어 물어보았다. 그 내용을 요약하면 '탈Book'방 오.여.기 미션을 통해서, 아이디어 생기는 비율이 높아졌다. 두 번째는 자신만의 반복되는 행동패턴을 알게 되었다. 슬럼프와 잘될 때 행동패턴이 다름을 알게 되었다. 세 번째는 잘하는 박수현, 못하는 박수현, 주저하는 박수현을 부정하지 않고 그 자체로 인정하자는 마음가짐이 생겼다. 강의하고 싶어서 하는 강의가 아닌 본업을 탁월하게 잘해서 의뢰가 들어오는 강의를 하고 싶다는 마음을 내비쳤다.

60일 집중아웃풋 미션을 잘 상징하는 과일이 있다면 무엇일까? '포도'다. 매일 하는 것이 포도 한 알, 오.여.기 미션 행동이라면, 오.여.기 미션(한 알)이 모이면 포도송이가 된다. 포도 60알이 모이면 포도송이가 되듯 오.여.기 미션 60개를 실행하게 되면 의미 있는 60일 집중아웃풋이 만들어진다.

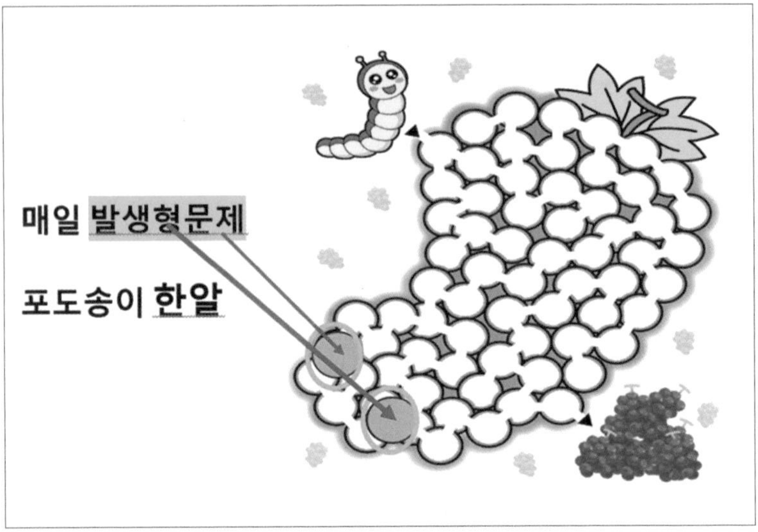

떨어진 포도송이 한 알도 의미가 있지만, 포도주를 담그거나 포도잼을 만들려면 포도알이 60개 이상 필요하다. '60일 집중아웃풋'은 바로 시작할 수 있는 분도 있고, 오.여.기 미션을 한 달, 두 달 정도를 한 후 시작을 하는 분도 있다. 먼저 낯선 느낌을 지우기 위해 가볍게 하자.

60일 집중아웃풋 미션으로 초반에는 쉬운 것을 권한다. 우리에게는 남은 5회 집중아웃풋 기회가 있다. 처음 2024년은 2번 정도 하고, 습관이 되면 2025년 3번 정도 하면 된다. 남들이 한 해에 하나 정도 의미 있는 아웃풋을 낼 때 최소 3~4개 정도 낼 수 있다면 얼마나 좋을까? 하신 분들이라면 60일 집중아웃풋을 도전해 보라고 하고 싶다.

365일 중 60일만 집중하고, 나머지 305일은 편하게 보내도 좋다. 60일 집중아웃풋을 전속력으로 달리고, 남은 기간 쉬면서 살자는 마음으로 하는 것이 좋다.

6타수 1안타만 치면 된다. 1할 6푼 6리의 타율이다. 누가 보면 너

무 타율이 낮은 것이 아닌가 반문할 수 있다. 아니다. 6타수 1안타만 쳐도 충분하다. 그동안 6타수 무안타에서 1안타로 인해 삶의 변화가 다르기 때문이다.

여러분의 삶의 무게가 많이 줄어든다. 60일 집중아웃풋을 할 때 완벽이 아닌 완주 정신이 중요하다. 대충하지만 시간과 에너지는 일정하게 투입한다. 6번 타석에 일정하게 들어서는 것과 같다. 그중 한번을 진루하면 된다. 홈런이 아닌 한번 진루할 생각으로 하다 보면 괜찮은 아웃풋이 나온다. 중요한 것은 그 발생형 문제를 60일간 궁리한다. 궁리 속 나온 인사이트를 가지고, 현장에 적용할 수 있는 행동을 하면 된다. 힘든 문제를 해결할 수 있을까? 의구심은 하루 이틀 열흘 넘어가면서 가능성이 보이기 시작한다. 집중아웃풋을 통해 자신 안에 숨겨진 작은 거인을 만날 수 있다.

작은 거인은 어떻게 만날 수 있을까? 조지 버나드 쇼는 "옳은 건반을 누르면 사람들은 무엇이든지 말할 수 있다. 잘못된 건반을 누르면 아무것도 할 수 없다. 그 미묘한 차이는 건반의 선택에 달려 있다."라고 말했다. 거인은 삶 속에서 특별한 시기 집중을 통해 아웃풋을 내는 경험이 쌓인 사람들, 즉 옳은 건반을 지속해서 눌러본 사람들이다.

작은 거인은 그런 거인을 벤치마킹해서 건반을 누르면서 의미 있는 아웃풋을 모방하는 사람들이라고 이야기하고 싶다. 보통의 사람들은 늘 잘못된 건반을 누르는지 모르면서 지내고 있다. 옳은 건반인지 잘못된 건반인지 확인하는 방법은 6타수 1안타, 즉 365일 중

발생 : 2025년 1월 3일(금)
오여기(3)

박수현 60일 아웃풋

Simple
일 & 삶

문제 우선순위 정하기 → 근본문제 (실질적 원인) 찾기 → 해결책 정하기 → 실행

	문제 우선순위 정하기	근본문제 (실질적 원인) 찾기	해결책 정하기	실행
에너지 관리	1. 근력 키우기 2. 복부비만 (58.35kg)	1. 계단오르기 60일 2. 몸무게 5kg감량 (58 -> 53kg)	1. 계단오르기 (22층 2회) 2. 식단관리 아침 - 채소, 과일 점심 - 식사 저녁 - 6시 전(채소)	
꾸준한 활동 관리	균형(콜,방문,소개)	활동일지 30점	매출200만원 (30점이 될 때까지 그 이후 퇴근)	
일과 삶의 균형	루틴 인증 습관	매일 루틴 1. 계단 오르기 (일어나자마자) 2. 소금물 가글(3회), 따뜻한 물 건강주스(알람) 3. 바이오리듬(기상,수면) 4. 활동일지 5. 식단	PDS다이어리 루틴목록 체크 하루 피드백	

60일만 해보면 자신이 지금 어떤 건반을 누르는지 확인할 수 있게 된다.

4단계: 1년 뒤 무조건 승리하는 선승관리

'이겨놓고 싸운다'는 말이 선승구전(先勝求戰)이다. 자신이 유리한 상황에서만, 전투를 하는 것이다. 불리한 상황은 피하고, 이길 수 있는 상황을 만들고 나간다.

전쟁은 다양한 변수로 예측이 어렵다. 그렇기에 '전투는 이겨도 전쟁에서 진다'라는 말이 있다. 다양한 상황이 있기에 승자 예측이

어렵다. 우리 삶도 전쟁에 비유되곤 한다. 늘 자원은 부족하고, 문제 난이도는 극강이다. 나 대신 싸워줄 사람을 찾지만, 현실적으로 어렵기에, 스스로 풀어야 한다. 일 년 중 몇 번의 전투에서 지더라도 마지막 날 전쟁에서 승리하는 것을 좋아한다.

개인이 승리하기 위한 자원 중 제일 중요한 것을 꼽는다면? 돈, 인맥, 지식, 기술, 시간, 건강 이외 다양한 요소가 있다. 그중 기업과 비교해 개인이 부족한 것은 특정 지식과 기술이다. 특정 지식은 바로 최종 아웃풋을 확정하는 능력이라 말할 수 있다. 잘나가는 기업은 반드시 한해가 시작되기 전에 연말 성과 아웃풋을 정하고 출발한다. 대다수 개인은 연말에 자신이 이루고 싶은 아웃풋을 정하지 않고 시작한다. 이점이 기업과 개인의 큰 차이점이다.

난 이 지식을 '선승관리'라고 이야기한다. 최종 아웃풋을 정하고, 그것을 이룰 수 있게 관리하는 능력이다. 선승전략 없이 그냥 시작하는 일이 개인에게 많다. 다이어트하기, 금연하기, 영어 배우기, 자격증 따기, 요리하기. 일명 OO하기 일이다. 그냥 새해가 되어서, 친구가 해서 하는 경우다. 즉 정확하게 6개월 뒤, 1년 뒤 이루고 싶은 상태를 정하지 않고 운에 맡긴다. 최종적으로 되고 싶은 상태가 구체적이지 않기에, 중도에 멈추거나 흐지부지하게 끝날 확률이 높다.

개인의 역량이 부족할수록, 선승관리를 배워두면 좋다. 바쁜 개인들에게 효율적으로 아웃풋을 내는 방법 하나를 추천해 준다면 선승관리다. 그럼 개인이 대표적으로 선승관리에 성공한 사례를 소개해 본다.

자주 실패하는 것이 다이어트다. 단기적으로 10kg 감량에 성공한 분도 있지만, 대다수 분들은 자주 실패한다. 다이어트 실패 이후 보복심리로 먹는 경우가 발생한다. 결과적으로 더 체중이 늘어난다.

그렇다면 무엇이 문제일까? 단순하게 살 빼자, 건강이 안 좋으니 이번 기회에 빼자, 결혼식 날 예쁜 웨딩드레스 입자, 8월에 멋진 수영복 입자 등의 이유로 시작한다. 약속된 날짜에 이루고 싶은 모습이 구체적이지 않은 공통점이 있다. 다이어트에서 우리가 놓친 핵심 지식이 있다. 선승관리에서 알아야 할 다이어트 핵심 지식은 무엇일까? 다이어트 개념은 간단하다. 먹은 칼로리 대비 배출 칼로리가 많으면 살이 빠지고, 먹은 칼로리는 많고 배출이 적으면 살이 찐다. 이것이 전부다. 즉 살찐 사람은 에너지 배출량이 적은 것이고, 적당한 분들은 먹는 양과 배출량이 비슷한 사람이다. 깡마른 사람은 먹는 양 대비 움직이는 양이 많아서다.

6개월 뒤 많이 노력해서 70kg에서 58kg이 되었다. 정말 다이어트 성공했을까? 우리 몸은 최종 몸무게에서 최소 10개월~12개월이 지나서야 그 몸무게를 받아들인다. 즉 다이어트에서 알아야 할 선승지식은 본인이 세운 D−day에서 +10개월~12개월을 추가한 날짜가 다이어트 종료일이라는 점이다.

'요요현상'은 다이어트에 대한 핵심 지식이 없어서 금방 살이 찐다는 사실이다. 1년간은 보수적으로 몸을 잘 돌봐야 최종적으로 안정적인 몸으로 바뀐다. 출발을 할 때부터 6개월 뒤가 아닌 18개월 뒤까지 관리가 되는 것이 중요하다. 즉 끝을 제대로 알고 준비해야 원하는 아웃풋을 만들 수 있다는 개념이 '선승관리'다.

선승관리에서 추가적으로 익혀야 할 것은 '구체적인 선승 마인드셋' 세팅하기다.

멋진 근육이 있는 여성이 되고 싶다. 근육량이 지금보다 3-5kg 늘어난 몸을 만들고 싶다는 내용이었다. 마른 체형을 가진 여성분이기에 그 마음은 간절했다. 어떻게 해야 이분은 성공하는 선승관리로 본인이 원하는 것을 달성할 수 있을까? 이분은 먹는 식단을 반드시 체크해야 한다. 평소 먹는 식사 사진 5-6회 정도를 파악해 보면 먹는 칼로리양을 알 수 있다. 운동만 한다고 해서 근육량이 팍팍 늘지 않는다. 양질의 영양과 근육을 늘리는 운동이 함께 결합해야 가능하다. 인바디 체크가 필요하다. 체성분 자료와 잠자는 수면시간을 파악해야 가능하다. 롤모델을 정확히 정하고 시작하는 것도 도움이 된다.

이상적인 모습과 현재 모습의 갭을 수치로 파악하는 것이 선승관리의 중요한 요소다. 근육량을 늘리려고 할 때, 몇 번의 실패 경험이 떠오른다. 자꾸 잘되어 좋은 아웃풋의 상황보다는 실패로 끝났던 경험이 떠오를 가능성 크다. 롤모델을 찾아서 시작하는 방식도 중요하지만, 더 중요한 것은 내부의 부정적 요소 들여다보기다.

우리 안에 80% 투덜이스머프와 20% 똘똘이스머프가 공존한다. 이 점을 잊지 말자. 외부의 방해도 무섭지만, 내 안에 방해가 더 무섭다.

'선승관리'에서 가장 깊게 다룰 것은 안에서 들리는 부정적 목소리 수위 낮추기다. 향후 약속된 1년 미션 중 지속적으로 딴지를 걸어 넘어뜨리려 한다. 투덜이스머프가 발동할 때 어떻게 할 것인가? 대비가 없다면 결국 무너진다. 투덜이스머프가 강하게 활동하는 시간은 언제인가? 투덜이스머프는 어떤 상황이 되면 물 만난 고기처럼 활동하는가?

반대로 똘똘이스머프 감정이 드는 시간대는 언제인가? 이런 내 안의 나를 아는 것에서 출발해야 한다. 약속된 기간 뒤 아웃풋은 투덜이스머프 49%, 똘똘이스머프 51%가 되기 시작할 때부터 시작된다. 인생 역전 시작은 1%가 늘어나면서 시작한다. '오.여.기' 미션과 '60일 집중 미션'을 활용해서 강력한 투덜이스머프를 길들이자. 오후와 저녁시간은 투덜이스머프가 승리할 가능성 크다. 우린 새벽과 아침, 오전을 이용하여 숨겨진 똘똘이스머프를 깨우자. 1%만 역전이 되면 선승할 확률이 높아진다. 일명 시소이론이다. 균형을 이룬 상태에서 무게추가 움직이면 방향이 결정되기 시작한다.

1% 똘똘이스머프가 유리해지면, 시간이 지날수록 목표를 이룰 확률은 커진다. 우리 안에 똘똘이스머프를 키우게 되면, 삶의 균형을 회복할 수 있다.

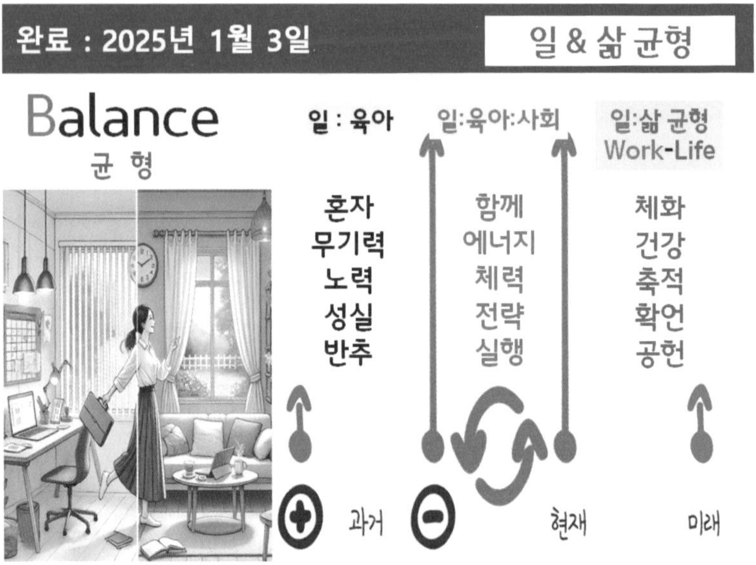

03

'탈Book'방에서 무엇을 하고 놀고 있는가?

탈북은 지속성이 중요하다. 추석에도 탈북을 쉬지 않는 이유

'탈Book'방에서 참가자는 우리 주변에서 만날 수 있는 평범한 분들이다. 선생님, 자영업자, 직장인, 병원종사자, 공무원, 가정주부, 은행직원 등이 함께 열고 있다. 1년간 책을 읽기중심에서, 적용중심으로 시도하는 방이다. 함께 적용을 통해 변화를 시도하는 방이다. 9월 15일 일요일의 '탈Book'방은 남다른 날이다. 왜 그럴까?

09 September 2024
일 SUN
월 MON
화 TUE
수 WED
목 THU
금 FRI
토 SAT
1 2 3 4 5 6 7
8 9 10 11 12 13 14
15 16 17 18 19 20 21

9월 15일 새벽 4시 시작 카톡방 캡쳐 사진이다.

이렇게 새벽에 공부 환경을 준비하고 화면을 오픈한다.

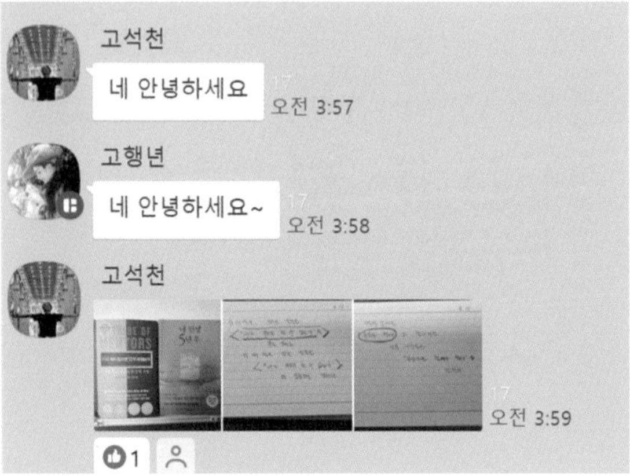

새벽 3시 58분부터 7시까지 회원분들은 바이오리듬대로 생존신고를 한다. 스스로 일어나는 시간을 정한다. 독서 시간도 30분을 할지, 2시간을 할지 각자 정한다. 생존신고 출석 시간이 다른 것을 볼 수 있다. 획일적으로 진행하지 않는다. 제일 중요한 것은 즐거운 놀이터가 되도록 한다. 최소의 의무감을 세팅하고, 나머지는 본인들 스스로 하는 것이 생존신고의 중요한 원칙이다. 시간이 지나면서 다른 분들이 하는 것 중 자신에게 좋은 것을 벤치마킹하기도 하는데 그럴 경우 따라 하는 분들이 늘어나는 낙수효과가 생긴다.

이용태

이렇게 순차적으로 멤버 분들이 7시까지 전원 생존신고를 매일 진행한다.

특별히 추석날을 소개한 이유가 있다. 추석날에도 '생존신고와 오.여.기 미션'을 하고 있다. 왜 그럴까? 설날, 추석, 휴가 기간, 공휴일, 주말은 일 뒤에 쉼을 제대로 할 수 있는 소중한 시기다. 그런데도 왜 너희는 일 년, 365일을 하느냐고 물을 수 있다. 빨간 날에 엄청난 아웃풋이 아닌 평소보다 90% 더 적게 실행해도 된다. 지속성이 중요하다. 부정적인 투덜이스머프를 이기는 방법은 아주 적더라도 매일 0.1% 실행할 때 발휘된다.

자기계발을 1주일에 한 번 하게 되면 연 52회 실행이다. 실행을 7년 하면 350회 실행이 된다. 투덜이스머프를 길들이기 위해서는 7년간 시도하는 것보다 1년간 집중해서 하는 것이 유리하다. 전자(2,555일)보다 후자(365일)의 핸들링이 유리하다.

'탈Book' 프로젝트를 1년간 집중해서 하는 이유인 셈이다. 우리에게는 반드시 넘어야 할 거인 투덜이가 있다. 그 투덜이를 상대로 기간을 짧게 잡을 필요가 있다. 7년간 넘어뜨리려 하지 말고, 한시적으로 1년간 집중하여 긍정적인 숨겨진 거인(똘똘이스머프)을 깨우자. 불리한 게임에서 약자에게 힘을 주는 교육심리학 이론이 있다. 캡잡현상이다. 'Catch-up'은 중학교 영어사전을 보면 따라가다, 따라오다, 따라잡다, 이런 뜻을 지닌 숙어다. 교육학에서 '캡잡현상'은 짧은 시간 안에 약자가 놀라운 성과를 내는 경우를 의미한다. 선발주자를 후발주자가 역전할 때 점프가 일어난 상황을 의미한다. 7년간 긴 시간 실행할 양을 1년간 실행으로 해본다면 어떤 일이 생길까?

1년도 생각보다 짧지 않은 시간이지만 매일 하루도 거르지 않고, 단 1분이라도 좋으니 지속하는 것이 열쇠다. 쉬었다가 하려면 훨씬 더 힘들다. 일주일에 한 번 5시간, 2주일에 한 번 10시간보다, 매일 15분이 더 낫다. 매일 발생형 문제를 가지고 생각하고, 해결하는 프로세스를 하는 것이 **뇌가소성** 측면에서 더 낫다.

'탈BooK'을 돕는 5명이 있으면 성공한다

5의 법칙이다. 내가 자주 통화하는 다섯 사람을 체크해 보라. 다섯 명의 평균 모습이 내 자신이다. 삶이 아쉽고 더 나은 자신이 되고 싶다면 좋은 방법이 있다. 5명 중 자주 만나는 사람 1명을 바꾼다. 그 한 명으로부터 다른 퍼즐이 시작된다. 숫자 5와 관련된 개념 중 '5초 법칙'이라는 것이 있다. '멜로빈스의 5초의 법칙'은 아주 간단하다. 시작하기로 한 순간, 마음속으로 5초를 세고, 바로 행동으로 옮기면 된다.

예를 들어 하루에 해야 할 업무가 많아서 미루고 있는 상황에서 '이제 시작하겠다'라고 결심하면 5초 안에 행동으로 옮기면 된다. 멜로빈스 이야기대로 하면 5초를 지나고 나면 행동하지 않을 확률이

80% 이상이 된다고 이야기한다. 잘하든 못하든 생각나면 즉시 5초 안에 행동하면 된다. '생존신고'도 기상과 동시에 5초 안에 신고하면 되는 원리랑 같다. 누워 있는 상태에서 오.여.기 미션이 가능한 상태로 움직이는 데는 5초면 충분하다.

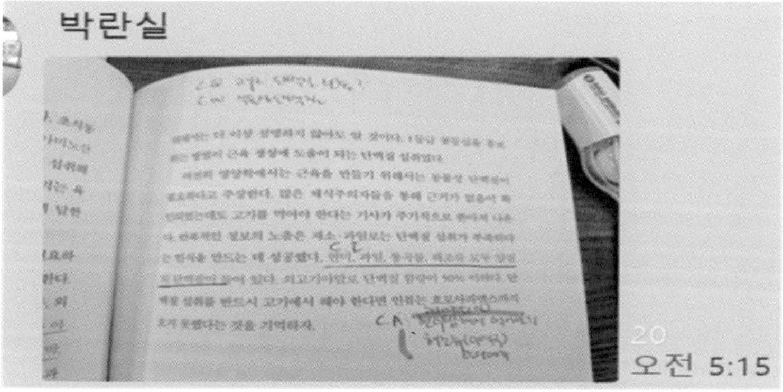

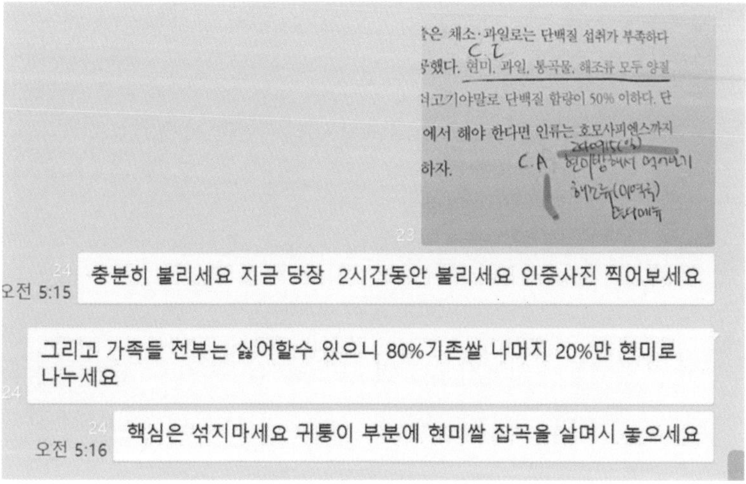

이렇게 피드백하는 것도 즉시 하게 되면 행동이 빨라진다. 5분 만에 할 수 있는 일이라면 즉시 하는 것을 권해 보고 싶다.

당신의 행동이 급격히 늘어난다. 5명의 구성원 중 자주 만나고 영향을 미치는 한 사람을 바꾸자. '탈Book' 프로젝트 멤버들은 5명의 법칙을 자연스럽게 하고 있다. 지역도 천차만별, 직업도 다른 사람이다. 같이 기뻐하는 동료 한 명은 강력한 우군이 되어준다. 기존 4명과 다른 생각을, 하루에 20% 접하는 환경은 중요하다. 4명과 다른 1명이 평소 루틴에서 다른 루틴을 간접 체험하게 해준다. 나에 대해서 잘 모르기에 하는 행동 중심으로 피드백해 준다. 네 분은 무엇을 시작해도 작심삼일로 끝날 것으로 생각한다. 하지만 새로운 1명은 내가 하는 액션에 진심으로 피드백해 준다. 낯선 1명의 피드백은 새로운 습관이 정착하는 데 도움이 된다. 한 달이 지나면 남은 4명 중 한 명을 또 다른 1명으로 늘려본다. 40% 만남이 바뀌면 어떤 변화가 느껴질까? 3명과 통화하고 이야기하는 비중보다 2명이 더 높다. 왜 그럴까? 호기심과 기대감이 있다. 함께 성장하고픈 동료는 교학상장의 파트너다. 교학상장의 출처는 중국 오경 중 하나인 예기에 있다. 예기(禮記)의 학기편에는 이런 말이 나온다.

"좋은 안주도 먹어보지 않으면 그 맛을 알 수 없고, 참된 진리도 배우지 않으면 그 장점을 알 수 없다. 그러므로 배운 뒤에야 자신의 부족함을 알고, 가르친 후에야 비로소 어려움을 안다. 자신의 부족함을 알아야 스스로 반성하고, 어려움을 알아야 스스로 보강할 수 있다. 그러니 '가르치고 배우면서 함께 성장한다'(敎學相長)."

숫자 5에서 바뀐 2명은 교학상장의 중요한 벗이자 스승이다. 성향이 보수적인 분들은 5명 중 2명을 바꾸시고, 조금 도전적인 분들은 3명 이상을 바꾸어보라. 세상의 열매는 오래된 줄기에서 나오지 않고, 새롭게 생긴 줄기에서 더 풍성하게 열린다. 자연의 이치가 그렇다.

출근 시간에 거리에서 유혹하는 빵 냄새는 너무 좋다. 세상에서 제일 맛있는 빵은 배고플 때 먹는 빵이고, 그다음은 갓 구운 빵이다.

우리 뇌는 새롭게 만난 사람들에서 더 영향을 받는다. 지금 변화를 시도하고 있는가? 매일 만나고 자주 통화하는 사람 중 1~2명을 바꾸자. 그분들 중 10년 뒤 당신의 운명을 바꿀 만남으로 기억되는 이가 있다. 한마디로 이야기하면 터닝피플(Turning-People)이다. 운명을 바꾸는 사람은 만나는 것과 동시에 내 자신의 터닝피플이 되도록 준비하자. 나로 인해 누군가 삶의 변화를 갖는다면 얼마나 좋은가?

근묵자흑이라는 사자성어가 있다. 근묵자흑(近墨者黑)은 먹을 가까이 하면 검어진다는 말이다. 백로가 까마귀와 어울리면 안 되는 이치를 깨우쳐 주는 말이다. 맹자가 자식교육을 위해 세 번 이사했다는 맹모삼천(孟母三遷)과도 뜻이 맞닿는다. 모두 주위 환경의 중요성을 이르는 말이다. 내 주변 환경 20%를 바꾸어보자. 오늘날 근묵

자혹을 경험하는 소중한 기회가 된다.

생활변비 vs 지식변비

변비는 왜 생길까? 구글을 검색해 보니 "식사를 충분히 하지 못하거나 물을 충분히 마시지 않거나 배변 습관이 불규칙하면 변비가 발생한다. 대장 연동운동이 부족해서 결국 스스로 연동운동 기능이 떨어지거나 안 되는 증상이다."라고 나온다.

> **생활속 변비는**
>
> **약이라도 있지만**
>
> **지식변비는 약도 없다**

생활변비는 증상도 있고, 본인이 해결하지 않으면 안 되기에 약의 도움을 받아서 일시적으로 문제를 해결할 수 있다. 그런데 이것보다 더 무서운 것은 '지식변비'다. 이것은 증상도 없고, 특별히 불편함도 느끼지 못한다. 매일 일상생활이 전혀 불편하지 않다. 유일

한 증상은 시간이 흘러 자신이 이룬 것이 없다는 사실을 깨닫는 정도다. 하던 대로 했기에 아웃풋이 덜 나왔다. 이와 반대로 너무 많이 읽고 배웠는데, 손과 발이 아닌 머리로만 학습하여 지독한 지식변비에 걸리게 된다. '지식변비'는 크게 아무것도 인풋을 하지 않아도 생기고, 너무 적은 양을 몇 달에 한 번 넣어도 생긴다.

인풋은 엄청나게 하는데 실행하지 않아 생기는 지식변비는 고치기가 쉽지 않다. 결국 관장이 열쇠다. 매일 15~30분 정도 인풋을 한 후 사소한 실행을 하면 된다. '탈Book' 프로젝트는 지식변비의 해결을 돕는 곳이다.

지식을 못 넣는 분, 지식을 많이 넣는 분, 지식을 조금 넣는 분의 고민을 해결하는 곳이다. 혼자서 습관을 개선하는 것은 쉽지 않다. 함께하면 그 힘듦이 절반으로 줄어든다. 그래서 숫자 5를 이야기한다. 요즘 20대 분들은 50대 분들보다 절대적으로 걷는 양이 부족한 환경이다. 그렇기에 훈련소 행군을 완주하는 것은 더욱 어렵다. 대다수 훈련병은 완주한다. 왜 가능할까? 나보다 더 약한 동기가 묵묵히 걷고 있고, 자신도 힘을 내어 끝까지 해낸다. 이것이 함께 하는 힘이다. 혼자 하면 포기하는데 같이하니, 해낸다. 5명 중 한 명을 나와 함께 도전하는 동료 한 명으로 세팅하면 지식변비에서 나올 확률이 높다.

'오.여.기 미션'을 하는 이유는 선행후독 습관을 들이고자 함이 크다. 5분 안에 읽고, 생활 속 문제의 실마리를 찾아 저자의 생각과 내 생각을 버무린다. 이것이 코어인사이트다. 호기심 에너지, 실행에너지, 효용 곡선이 줄어들기 전에 하자. 시도하면 마음속 부담감이 조금 준다. 부담이 줄면서 사소한 실행이 좋다. 자신이 하는 것을 스티커 방식으로 가시화하는 것도 방법이다. 선행후독은 자신이 책을 읽고, 아웃풋하는 경험을 늘리는 것이 핵심이다. 1,000권을 읽고 가끔 실행하는 사람보다 일 년에 7권 읽는 사람이 아웃풋이 더 많을 수 있다. 선행후독을 통해 당신도 실행 달인이 될 수 있다. 지식변비를 해결하는데 오.여.기 미션은 아주 효과 만점이다.

1000권 일반독서 vs
7권 탈북(Book)독서

1,000권의 10%는 100권이다. 그렇다면 1%는 10권이다. 1% 인풋으로 100% 아웃풋을 낼 수 있다는 말이 현실성이 없어 보인다. 불과 7권을 가지고, 1,000권에 상당하는 아웃풋이 가능할까?

1000권 일반독서 임계점 7권,
탈북[Book]독서로 가능할까?
13
오전 7:10

'탈Book' 프로젝트 멤버 분들에게 물어보았다. 제 생각을 이야기하는 것보다 실제로 해본 사람들의 피드백이 중요하다고 생각한다.

음식점 사장은 본인 음식 맛이 더 맛있다고 하는 경우가 많다. 맛은 손님의 웨이팅 길이와 단골 비율을 참고하면 확인된다. 소개가 많아지면 맛은 증명된다. 나 또한 그 음식점 주인과 비슷할 수 있기에 맛을 본 구성원들에게 물어보았다. 26분 중 13분의 생각을 캡처했다.

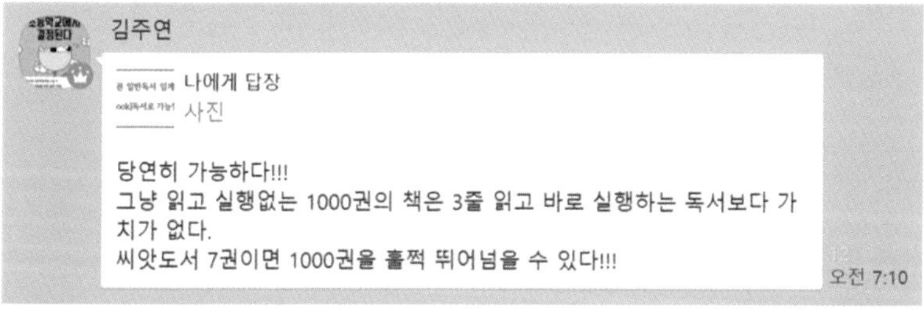

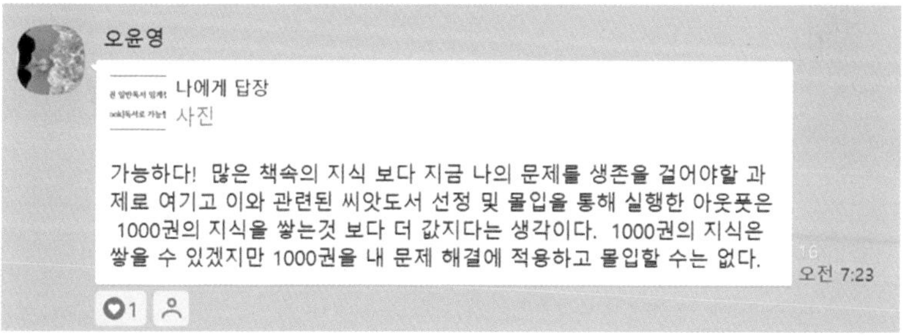

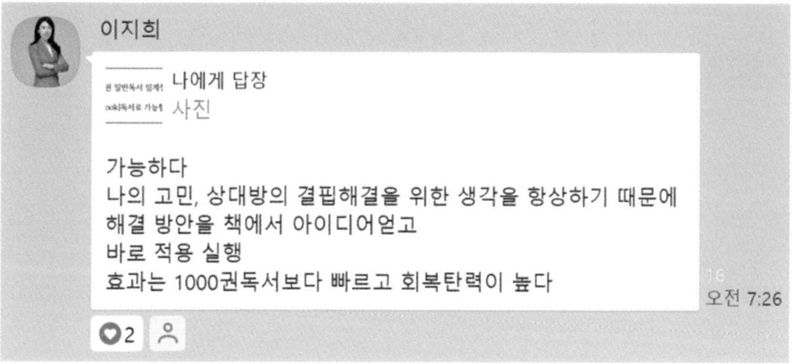

고석천

책을 읽기만 하면 머리는 커지고, 배만 나오는 ET처럼 된다.
지식두통과 변비로 기우뚱 기우뚱 걷고 싶은가?
행하지 않는 지식은 사상누각이고, 망각의 열차에 오를 뿐이다.
권수가 중요하지 않다.
제대로만 한다면 한권의 책으로도 사람은 변할 수 있다.

오전 7:30

고석천

내가 알고자 하는 책들의 본질과 지향점은 같은데, 글자만 다를 뿐입니다.
행함 없이 리딩만 한다면, 격하게 말씀드린다면 눈운동만 할 뿐이지 않을
까 생각합니다.
책과 나를 습자지처럼 딱 맞붙기 위해서는?
행동이고, 이를 탈(脫)북이라 정의합니다.
책을 눈으로 보지 말고, 행동으로 보라.
라고 말씀 드리고 싶습니다.

오전 7:41

김혜진

1000권의 독서

7권의 탈북독서 ..

1000권이랑 7권을 비교했을 때 그래도 1000권의 독서하고 비교하기엔 ..
이런 생각이 먼저 들었습니다

그런데 <행동이 없는 단순한 책읽기>와 비교한다면 이야기가 달라진다
고 생각합니다

코어액션이 명확하게 나오고 실천력까지 더해진다면 당연 1000권독서보
다 낫다고 생걱합니다

오전 8:34

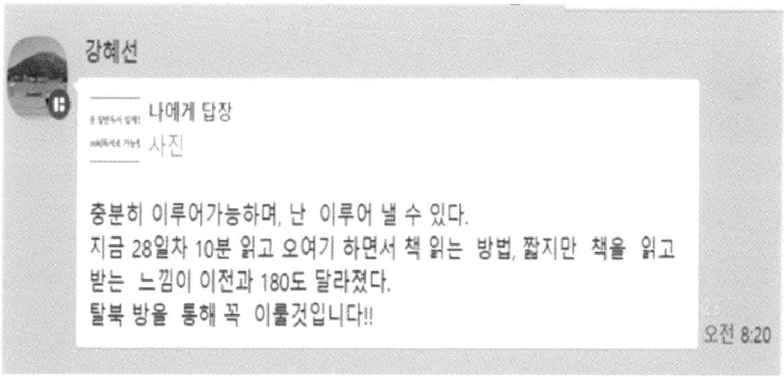
강혜선

나에게 답장
사진

충분히 이루어가능하며, 난 이루어 낼 수 있다.
지금 28일차 10분 읽고 오여기 하면서 책 읽는 방법, 짧지만 책을 읽고 받는 느낌이 이전과 180도 달라졌다.
탈북 방을 통해 꼭 이룰것입니다!!

오전 8:20

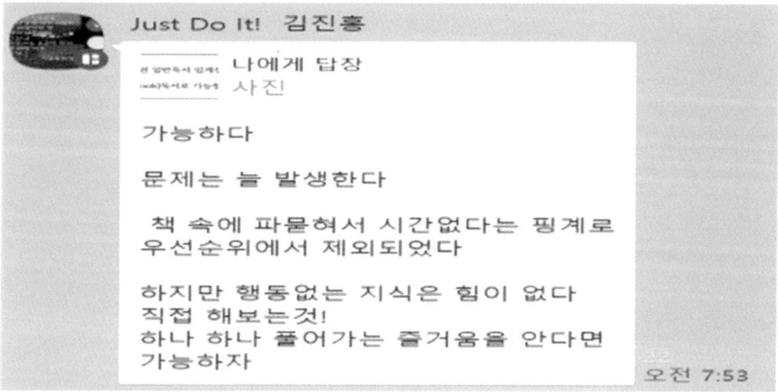
Just Do It! 김진홍

나에게 답장
사진

가능하다

문제는 늘 발생한다

책 속에 파묻혀서 시간없다는 핑계로
우선순위에서 제외되었다

하지만 행동없는 지식은 힘이 없다
직접 해보는것!
하나 하나 풀어가는 즐거움을 안다면
가능하자

오전 7:53

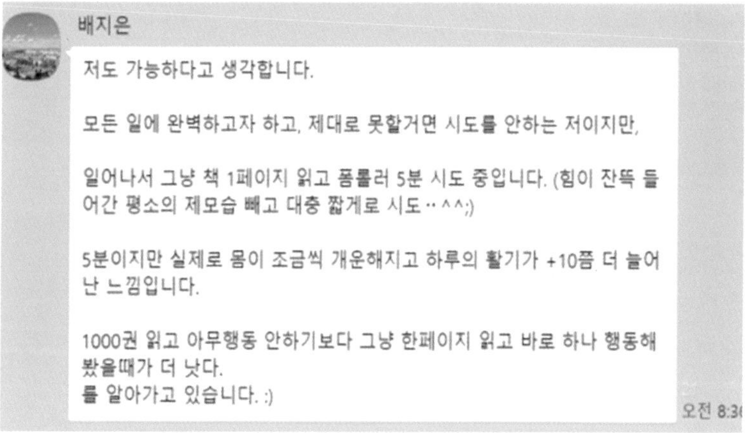
배지은

저도 가능하다고 생각합니다.

모든 일에 완벽하고자 하고, 제대로 못할거면 시도를 안하는 저이지만,

일어나서 그냥 책 1페이지 읽고 폼롤러 5분 시도 중입니다. (힘이 잔뜩 들어간 평소의 제모습 빼고 대충 짧게로 시도 ·· ^^;)

5분이지만 실제로 몸이 조금씩 개운해지고 하루의 활기가 +10쯤 더 늘어난 느낌입니다.

1000권 읽고 아무행동 안하기보다 그냥 한페이지 읽고 바로 하나 행동해봤을때가 더 낫다.
를 알아가고 있습니다. :)

오전 8:3

김혜진

나에게 답장
오여기 몇일짜 적어보니 어떠세요

실제로 한건 더 되었는데 구체적인 코어액션이 있는 날만 계산하니 3일차 더리구요

코어액션을 구체적으로 집는게 중요하다는 생각을 했구요

내일 4일차 도장이 빨리 찍고 싶어집니다 ㅎ 오늘의 액션은 뭘까 하면서요 ㅎㅎ

오전 8:41

강향임

나에게 답장
사진

가능하다.
기본독서는 현장에서 좌절, 딥울 만날 때 새로운,마인드 셋을 하게 한다.
자신의 일과 현장에 성공의 열쇠가 있기에 전문독서와 오여기 미션을 통해 매일 매 순간 고객의 문제를 해결하는 성취와 보람을 쌓는 것이 탈북에 성공하는 길이 된다
정말 중요한 것은 사활을 걸고 탈북 루트를 ㅇㄹ고 방법을 알고 안내하는 탈북브로커가 있기에 모든 것이 가능하다.

오전 8:33

이광배(매일 책 읽는 남자)

나에게 답장
사진

임계점 독서 7권으로 가능하다.탈북에다 코어리딩을 접목시키면 자기 삶의 문제들을 푸는 솔루션으로 가능하다. 탈북의 본질은 책을 읽는데서 탈출하여 삶의 문제들을 책속에서 실행 아이디어를 찾아 자기 삶을 변화시키고 성장하는데 적용히는 것이다. 실행력만 갖춘다면 7권으로도 인생을 바꿀수 있다.

오전 8:36

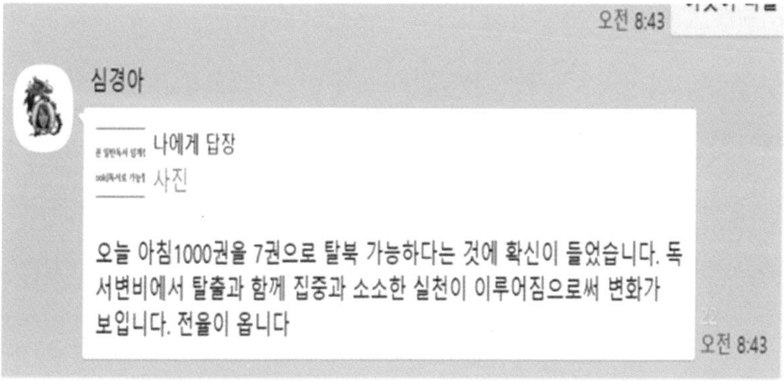
오전 8:43
심경아
나에게 답장
사진
오늘 아침1000권을 7권으로 탈북 가능하다는 것에 확신이 들었습니다. 독서변비에서 탈출과 함께 집중과 소소한 실천이 이루어짐으로써 변화가 보입니다. 전율이 옵니다
오전 8:43

26분 중 13분이 대답을 해주셨다. 이들 모두 한결같이 이야기한다. 20분 이내 읽고 실행해 보니 달랐다는 반응이다. 코어액션을 적고, 짧은 시간 안에 적용해 보면서 가치가 더해진다.

오해하지 말자. 책을 20분만 읽으라는 말로 오해하지 말자. 자신의 해결할 문제를 해결한 후 기존처럼 30p~200p 읽어도 된다. 해야 할 문제 하나라도 실행 후에 책을 보자는 취지다. 실행하면서 읽는 책을 제 입장에서 산 책[Alive book]이라는 표현을 하고는 한다. 마치 답답하게 집에 있다가 나무가 울창한 숲에 들어가면 호흡이 훨씬 잘 되는 것처럼 말이다. 산책과 독서는 유사한 점이 있다.

산책하다 보면 아침햇살이 나뭇잎을 연녹색으로 채색하는 것을 목격하게 된다. 아침햇살은 요물이다. 광합성작용, 증산작용 외 식물의 성장과 관련된 일에 영향을 준다. 독서도 아침햇살과 같이 사람에게 에너지를 분명 준다. 그런데 누군가는 그 에너지를 받아 성장하는 분도 있지만 반대로 그렇지 못한 분도 있다. 그 차이는 무엇

일까? 손끝 너머 본질적인 것을 보지 않아서이지 않나 생각한다. 자칫 잘못하면 손끝이 가리키는 끝에 태양이 있는데 우린 모두 손끝을 주목하는 것이 아닌가 싶다. 여기서 손끝은 책, 태양은 내가 풀어야 할 문제행동이다. 1,000권 독서를 하면서 태양이 아닌 손끝에 주목했으므로 삶에 극적인 변화가 없었다.

선행후독(先行後讀)
구체적 실행편

그렇다면 7권 독서는 어떻게 해야 하는가? 누군가는 일주일 만에 7권을 읽는 분도 있고, 어떤 분은 하루에 10페이지씩 21일 동안 한 권을 읽는 분도 있다. 즉 21일×7=147일이 나온다. 365일 중 147일은 읽는 시간으로 활용하고, 나머지 218일을 행동한다. 즉 1(읽는)비율 : 1.5(실행) 비율인 셈이다. 읽는 것을 좋아하는 분들에게 내리는 최소한의 비율이다. '탈Book' 멤버 분들에게는 읽는 시간이 1이면 행동을 4 비율로 권한다. 읽기 20% 행동 80% 이야기한다. 이미 책 읽기 습관이 강한 분들은 40:60으로 하시면 된다. 그럼 7권 책을 선정해서 삶 속에서 발생형 문제, 탐색형 문제, 설정형 문제를 해결하는 과정을 직접 해보자.

책 7권의 구성은 탈Book 멤버들 2권은 공통도서이고. 나머지 5권은 본인이 선정한다. 주도성을 프로젝트하는 분들에게 준 것이다. 각자 문제가 다르고 필요한 지식도 다르다. 공통도서로 선정한 책은 독서법 관련 책일 것으로 예상하지만 독서법 책은 없다. 어떤 책일까? 키워드로 말하면 정신과 시간관리다. 마인드셋이 되는 것이 중요하다. 공통도서 첫 번째 영광은 저자 루이스 하우즈다.

이 사람은 위대함과는 거리가 먼 사람이라고 책날개에서 소개한다. 정말 그럴까?

"고등학교 시절 올 아메리칸으로 선정(미국 각 스포츠 분야에서 고등학교와 대학교 아마추어 최우수선수에게 주어지는 타이틀)이 되었고, 풋볼에서는 게임 최다 리시빙 야드세계기록까지 세웠지만, 스물두 살 나이에 손목 부상으로 1년여의 회복 기간을 보낸 이후에 누나 집에서 쪽잠을 청하는 처지가 되었다. 밤마다 사고로 기억상실증을 앓고 있는 아버지와 전성기의 시절로 돌아갈 수 없는 자신을 애도하느라 잠을 이루지 못하면서 시간을 허비하고 있었다."

난 여기서 이미 남다른 아웃풋을 낸 루이스 하우즈는 우리 평범한 사람들과 좀 다르다는 견해다. 하지만 슬럼프는 누구나 힘들다. 그 힘든 딥(dip) 상황에서 빠져나온 마인드셋이 '탈Book'방을 노크한 분들에게 좋은 치료제가 될 것이기에 선정했다.

이 책은 풍란부귀란 모임에서 영향력 있는 본비님의 추천으로 알게 된 책이다.

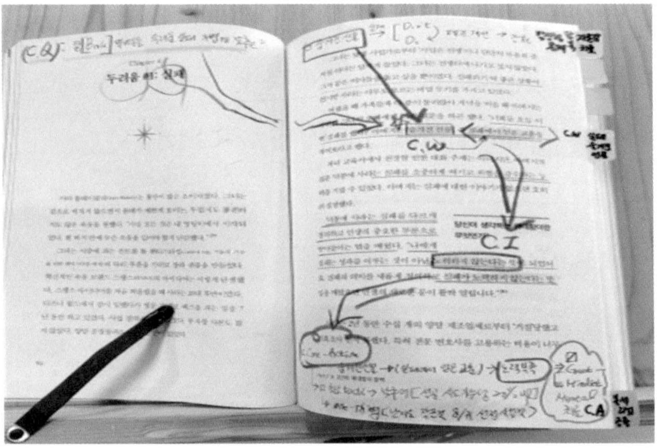

필자 그레이트마인드셋 선정이유가 담긴 코어리딩

코어퀘스천 : 탈북[Book] 멤버 분들 두려움과 실패를 가볍게 낮추는 방법은?

코어워드 : '실패에서 얻은 교훈'이다.

코어인사이트 : 실패는 노력하지 않는다는 뜻이 아니다.

코어액션 : 난이도 낮은 임무 실행하자.

바로 생존신고 개념, 오.여.기 미션 진행을 해보자. 두 가지 미션을 통해서 무력함마인드셋에서 그레이트마인드셋으로 가는 정신적 자양분을 발견할 수 있게 해보자. 그 중간에 전환지대가 있다. 전환지대는 3단계로 나뉜다. 자각, 결정, 헌신이다. '탈Book'방에서 무.마.셋(무력함마인드셋)에서 그.마.셋(그레이트마인드셋)으로 가는 훈련을 시켜보자.

두 번째 책은 〈오늘 또 일을 미루고 말았다〉이다. '나카지마 사토시' 저자는 마이크로소프트에서 일한 전설의 프로그래머다. 우리에게 익숙한 마우스 오른쪽 클릭과 더블클릭, 드래그 앤 드롭이 그의 손에서 태어났다. 그는 학창 시절 남달랐다. 대학 시절에 세계 최초의 PC용 도면 작성프로그램 'CANDY'를 개발해, 학생 신분으로 1억엔 넘는 로얄티를 받았다. 이력을 보면 남다른 사람이다. 나카지마 사토시의 시간관리 능력 1% 배우면 어떻게 될까? 사토시가 이야기한 '로켓스타트 시간관리법'은 평범한 사람이 비범하게 일을 할 수 있는 소중한 개념이 잘 정리된 내용이다. 지난 7년간 현장에서 접목해서 나에게도 유익한 책이다.

'탈Book'을 시도하는 분들이 반드시 알아야 할 D.N.A가 있다. 즉 경제학의 법칙, 파레토 법칙을 하는 일에 접목해 볼 필요가 있다. 20% 시간을 할애해서 80% 성과물을 만들어 보는 경험을 익혀야 한다. 10일 걸려서 할 일을 이틀에 걸쳐서 끝내는 경험은 다음 시도에도 좋은 결과의 예약이 가능해진다. 당연히 이틀에 걸쳐서 한 사람보다 10일에 걸쳐서 하는 사람의 아웃풋이 좋을 가능성이 크다. 전제조건은 10일간 동일한 에너지와 집중력일 때 게임이 되지 않는다. 그럼에도 10일이 아닌 이틀 만에 하는 것을 권할까? 어떤 일을 마무리하지 않은 상황에서 다음날이면 다른 문제가 지속적으로 생긴다. 결국 정신적으로 해결하는 데 힘든 상황이 될 가능성이 크다. 개인도 단체도 어떤 임계점을 돌파하는 것은 같은 기간 안에 다른 몇 가지 요소가 크게 작용한다.

천만 관중 누적 신화를 쓰고 있는 스포츠가 있다. 야구다. 2023년과 같은 기간 같은 상황인 것에 비해서 놀라운 일이 발생했다. 2023년 800만이었는데 2024년은 200만이 늘어난 1,000만 명을 넘었다.

2024년 천만 누적에 큰 공헌을 하는 선수는 기아타이거즈 소속의 김도영 선수다. 제2의 이종범으로 불리고 있는 '김도영' 선수 덕분이다. 왜 그는 돌풍의 주인공이 되었을까? 30−30클럽(홈런 30개, 도루 30개) 역대 9번째 선수로 24년 만에 대기록을 달성했다. 최단기간 111경기만에. 하지만 24.08.03.부터 24.08.15.까지 기록상으로 12일지만, 김도영 선수에게는 120일처럼 느껴진 시간이다. 결국 24.08.15.에 축포를 터뜨렸다. 즉 30−30 달성 이후 부담감 미션을 40−40 목전까지 이끌었다. 물론 최종스코어는 38홈런 40도루로 정규시즌을 마무리했다.

갑자기 왜 김도영 선수를 이야기했을까? 달성하고 나면 가벼운 마음으로 다음 도전이 쉽게 가능해진다. 우리도 프로야구 김도영 선수처럼 일상생활에서 새로운 신화 주인공이 될 수 없을까? 방법은 있다. 조금 전 소개해 드린 로켓스타트 시간관리법을 익히면 된다. 멤버들이 이 방법을 자기 것으로 만들면, 자신의 인생 무대에서 엄청난 도약을 할 수 있을 것으로 예상한다.

로켓스타트 시간관리법을 7년간 직접 해보면서, 나름의 개념으로 접목한 것이 60일 집중아웃풋과 선승관리법이다. 모태가 되는 정신을 함께 공유하는 측면에서 이 책을 선정했다. 7권 중 2권은 이제 선정이 되었다. 그다음은 5권이다. 이것은 각자 참가한 사람들의 니즈와 목표에 따라 다 다르다. 참여한 회원분들의 학습능력과 메타인지도 천차만별이다. 그래서 더욱 자신들이 소화할 수 있고, 바로 접목할 수 있는 책 선정이 중요하다. 몸무게 감량이 확인된 참가자가 감량이 안 된 참가자보다 더 열심히 운동한다. 결괏값이 나오고 몸에 변화가 오기 때문이다. 공통도서 2권을 읽고 실행하면서 나은 아웃풋을 경험하고 있기에, 자신이 선정한 5권의 기대감은 더 커진다.

5권을 선정하는 팁은 무엇일까?

'탈Book' 멤버 분들 중 가장 파고가 크고, 힘든 발생형 문제가 생긴 단 한 분을 뽑는다면 오지숙님이다. 탈북 시작한 지 얼마 안 되어 담당 코치였던 박미숙 코치에게 장문의 카톡 내용이 왔었다. 그 내용을 확인한 순간, 머리가 하얗게 변했다. 입안에서 이런 젠장! 이 말이 자연스럽게 나왔다. 남편분이 뇌 퇴화 현상 중 하나인 '파킨슨병'으로 의심 판정이 나왔다. 한마디로 무서운 통보였다.

탈Book방에서 나가고 싶고, 정신적 공황이라고 이야기했다. 일단은 시간을 드리기로 했다. 본인이 감정을 추스르면 그때 이야기 나누자고 했다. 며칠 뒤 전화 통화했고, 많이 힘든 상황이 고스란히 전화를 통해 느껴졌다. 하지만 여기서 어떻게든 이 큰 문제를 해결하여 더 악화가 안 되면서 병원이 아닌 직장과 가정에서 평범한 일상이 가능하게 하는 것이 중요한 문제이다. 그래서 난 책 대신 유튜브 몇 편을 소개해 주었다. 이미 에너지가 바닥인 사람이 책을 보는 행위는 힘든 노동이기 때문이다. 그래서 눈감고 들을 수 있는 동영상 몇 편을 소개하니 오지숙님에게 조금 도움이 되었나 보다.

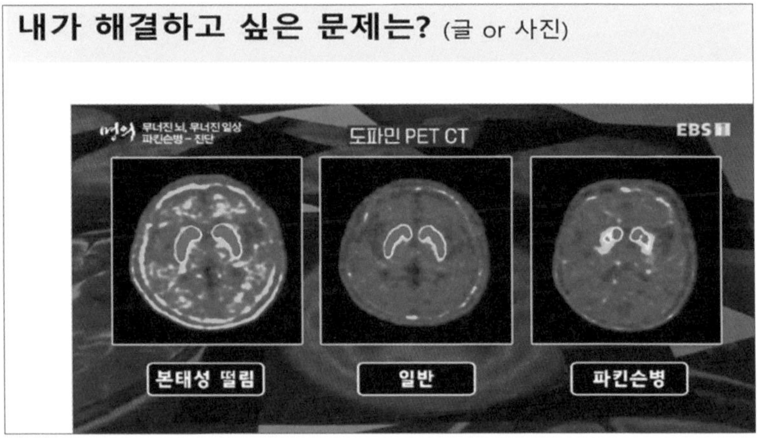

파킨슨병에 대한 자신의 생각정리가 중요한 시기였다. 그녀는 독서모임 북팟에서 선정된 강방천의 〈관점〉에서 중요한 코어인사이트[Core-insight]를 얻게 되었다. 자기만의 관점을 가지고, 여러 가지 시나리오를 준비하라. 그중 최악의 시나리오는 무엇인가? 이 질문을 남편에게 접목했다. 즉 남편이 지금 파킨슨 상태에서 몇 단계인가? 장기전을 대비해서 올바른 의료지식, 운동방법, 영양처방, 전문가 만남이 필요하다고 생각했다.

그래서 롤모델 선정이 필요했다. 다행히 신경외과 전문의이면서 파킨슨병을 실제로 투병했던 박춘근 의사의 책이 있었다. 그분에게는 불행의 병이 오지숙님에게 한 줄기 빛과 같은 책이다. 결핍 속에 찾아낸 책이다. 자신의 간절한 문제를 먼저 경험하고 솔루션을 가지고 있는 책 선정이 중요한 항목이다. 두 권의 공통도서 이외에 7권의 책을 선정했다. 이중 2권을 부수적으로 참고하고 최종 5권을 선정했다.

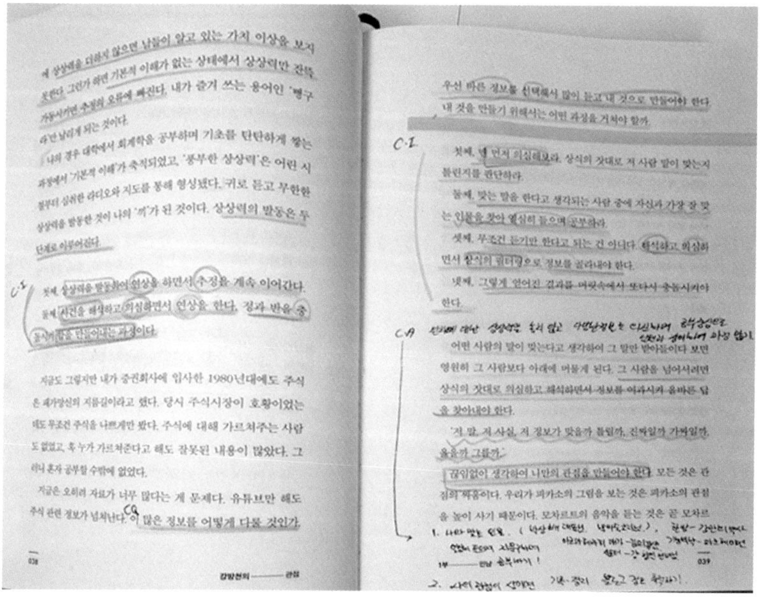

내가 즐겨 쓰는 용어인 '빵구

나의 경우 대학에서 회계학을 공부하며 기초를 탄탄하게 쌓는 과정에서 '기본적 이해'가 축적되었고, '풍부한 상상력'은 어린 시절부터 심취한 라디오와 지도를 통해 형성됐다. 귀로 듣고 무한한 상상력을 발동한 것이 나의 '끼'가 된 것이다. 상상력의 발동은 두 단계로 이루어진다.

지금도 그렇지만 내가 증권회사에 입사한 1980년대에도 주식은 패가망신의 지름길이라고 했다. 당시 주식시장이 호황이었는데도 무조건 주식을 나쁘게만 봤다. 주식에 대해 가르쳐주는 사람도 없었고, 혹 누가 가르쳐준다고 해도 잘못된 내용이 많았다. 그러니 혼자 공부할 수밖에 없었다.

지금은 오히려 자료가 너무 많다는 게 문제다. 유튜브만 해도 주식 관련 정보가 넘쳐난다. 이 많은 정보를 어떻게 다룰 것인가.

내 것을 만들기 위해서는 어떤 과정을 거쳐야 할까.

어떤 사람의 말이 맞는다고 생각하여 그 말만 받아들이다 보면 영원히 그 사람보다 아래에 머물게 된다. 그 사람을 넘어서려면

'저 말, 저 사실, 저 정보가 맞을까 틀릴까, 진짜일까 가짜일까, 옳을까 그를까.'

모든 것은 관심의 싸움이다. 우리가 피카소의 그림을 보는 것은 피카소의 관심을 높이 사기 때문이다. 모차르트의 음악을 듣는 것은 곧 모차르트

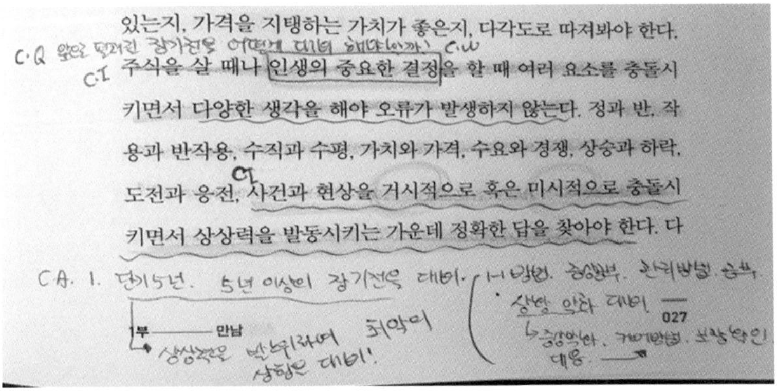

있는지, 가격을 지탱하는 가치가 좋은지, 다각도로 따져봐야 한다.
주식을 살 때나 인생의 중요한 결정을 할 때 여러 요소를 충돌시
키면서 다양한 생각을 해야 오류가 발생하지 않는다. 정과 반, 작
용과 반작용, 수직과 수평, 가치와 가격, 수요와 경쟁, 상승과 하락,
도전과 응전, 사건과 현상을 거시적으로 혹은 미시적으로 충돌시
키면서 상상력을 발동시키는 가운데 정확한 답을 찾아야 한다. 다

027

다시 한번 추린 책은 아래와 같다.

60일 집중아웃풋으로 선승관리을 배운 오지숙님 사례다.

어떻게 실행을 하였나요? (글 or 사진)

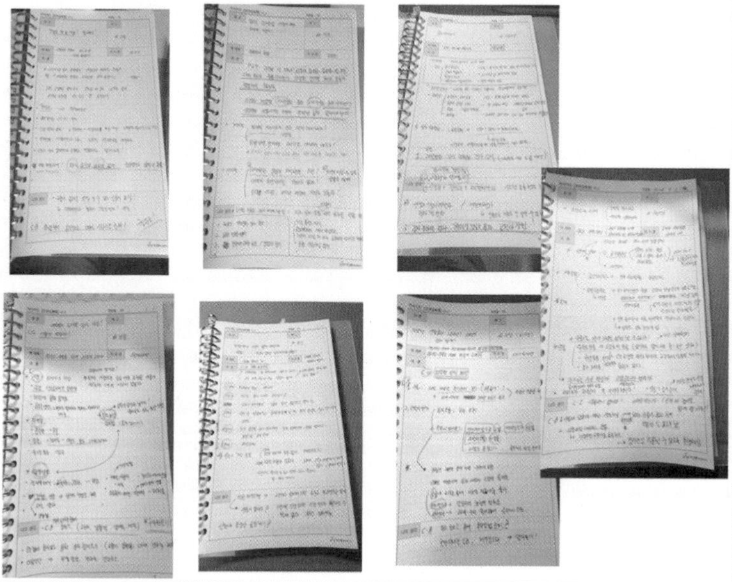

코어액션[Core-Action] 결과물

코어액션 지식카드 작성 후 좋은 점

1. 건강 상태를 객관적으로 판단할 수 있다.

2. 상태의 변화를 한눈에 볼 수 있다.

3. 남편과 질환의 이해 및 건강관리 대화의 매개체가 된다.

4. 케어자가 무엇을 해줘야 할지 파악할 수 있다.

5. 60일 집중아웃풋 시각화로 남편은 물론 나도 선승관리의 과정을 즐길 수 있게 된다.

이 자료를 보고서 피드백을 해주었다. 관리일지는 약간 부정적 느낌이 있으니 바꾸어보자. 그리고 남편분이 점검할 수 있는 셀프항목을 넣어보자. 두 사람이 한마음이 되어 공유한다면 회복일지로 전환시키는 것도 나쁘지 않겠다고 피드백을 해주었다.

1년 뒤 이 집에 진짜 놀라운 일이 벌어지고 회복되었으면 좋겠다. 갑작스러운 쓰나미 수준의 일이 생겼지만 '탈Book'방에 들어온 것은 본인에게 '생명자켓'이라는 표현을 해주었다. 이렇게 중심을 잡고 가게 힘이 되어 주어 고맙다는 그녀의 말에 약간 마음이 움찔해진다. 1년간 그녀가 도움을 요청하면 내가 할 수 있는 선에서 도울 것이다. 시간이 흘러 다른 책에서 회복된 오지숙님의 좋은 일을 알려드리고 싶다.

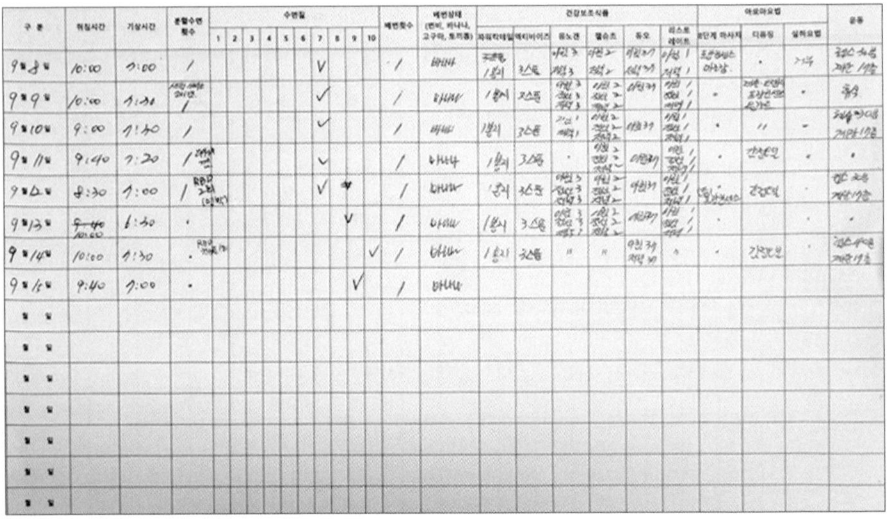

Chapter

4

3년 뒤,
10년 뒤가
기대된다

01

누구나 남.다.맨이 될 수 있다

남.다.맨은 남과 다른 사람을 뜻하는 단어다. 우린 미디어의 영향에 많이 노출되고 있다. 수많은 영웅과 대단한 끝판왕을 매일 볼 수 있다. 물론 영화만 있는 것이 아니다. 작년 여름에 끝난 파리올림픽에서 수많은 영웅을 만났다. 그들은 최소 10년 이상 한 분야에서 엄청난 노력을 통해 메달의 영광을 얻었다. 노력의 보상으로 메달, 즉 부와 명예를 받는다. 보상이 없다면 힘든 운동에 도전하는 사람은 없다. 올림픽 금메달은 오직 한 사람이 받는다. 금메달을 걸고 싶다면 왕관의 무게를 견디라는 말이 있다. 그렇기에 이들은 슈퍼맨으로 불려도 손색이 없다.

이들과 달리 우리에게는 그런 세계적인 무대에 참여할 기회와 그에 따른 명확한 보상이 주어지지 않는 환경에 있다. 물론 예외적으로 평범했던 분들 중 생활 속 금메달을 획득한 분도 있다. 그들 또한 올림픽 메달을 획득한 분들 이상의 엄청난 노력, 즉 슈퍼맨 정신으로 해낸 사람들이다.

40대 이후 우린 갑자기 슈퍼맨이 될 순 없다. 그것을 알기에 TV, 유튜브, 영화, 게임, 만화, 스포츠경기를 통해 간접적으로 승리 기분을 누리고 싶어 한다. 방탄소년단의 '아미'도 우리가 알고 있는 대표적인 팬 조직임을 알고 있다. '아미'는 팬층 폭이 아주 넓다. 고무적인 사건이다. 이제 우리가 건강한 팬이 되는 것도 중요하지만, 더 중요한 팬이 될 기회를 놓치고 있다. 바로 자신이다. 우리 자신에게 1호 팬은 내 안에 있다. 그 팬을 이제 끄집어내야 한다.

남.다.맨의 첫 단추 '퓨처네임'

남.다.맨은 60일 뒤, 1년 뒤, 3년 뒤 멋지게 성장한 자신을 사람들이 인정해 주는 개념이다. 하지만 그 남.다.맨이 되기 이전에 셀프 1호 팬을 먼저 인정하는 것이 중요하다. 탈북방 멤버 분들의 1호팬 작명을 시도했다. 처음에 낯설게 느꼈지만 점점 좋아하는 그들을 보게 된다. 탈북방 멤버 분들 몇 분의 1호 팬명을 소개해 본다.

40대 중후반에 남성분인 고석천 선배는 꿈을 쫓는 돈키호테=몽키호테(늙어서도 꿈을 포기하지 않는 의미) 네이밍을 부여했다. 그의 만족도는 그 1호 팬 작명을 해준 박코치에게 과일 한 상자를 줄 만큼 뿌듯했다.

50대 중반을 달리는 박미숙님은 스스로 맘들의 마음을 훔치는 미숙언니의 아침에너지 의미로 '맘마미아 박미숙', 즉 자신 1호 팬을 맘마미아라고 정했다. 오지숙님은 건강한 빵글여신의 의미가 있는 '건빵여신 오지숙'으로 네이밍했다.

사생팬을 나에게 적용하게 되면 어떤 효과가 있을까? 어떤 상황에서 변하지 않고 나를 지지할 강력한 1명이 존재한다는 말이 된다. 어떤 것으로 대체할 수 없는 귀한 친구이자 팬이다. 그 팬은 여러분 안에 잠들어 있다. 깨워라. 그리고 이름을 불러 주어라. 그러면 매 순간 여러분과 함께 뛰는 페이스메이커처럼 움직여준다. 자신의 꿈과 비전을 이루기 위해 옆에서 뛰어준다. 이 얼마나 멋진 친구인가? 또 다른 분은 탄력 있는 건강함을 지닌 좋은 사람 김금순이라는 의미에서 굳(Good)센 젤리라고 명명했다.

그렇다면 네임(Name)이 갖는 의미는 무에서 유가 되는 변화 시점이다. 이름이 있기 전후는 완전 다르다. 그 이름으로 인해 사람들은 보지 않아도 이미지를 형상화하고 추억을 떠올린다. 사람이 태어나기 전부터 부모들은 태명을 지어준다. 아직 얼굴도 보지 않은 소중한 자녀에게 의미를 부여하는 일부터 시작한다. 옛날 선비들은 어릴 적 이름으로 아명이 따로 있었다.

또 다른 이름으로 필명이 있다. 필명(筆名)은 작가가 작품을 발표할 때 쓰는 가명이다. 펜 네임(pen name)이라고 부르기도 한다. 위키백과사전에서 필명을 검색해 보면 자세한 설명이 나온다.

"필명을 사용하는 이유는 제각각이다. 브론테 자매의 경우는 여자 이름으로 작품을 발표하면 당시의 영국 사회에 존재했던 남녀 차별 때문에 출판 자체가 안 되거나 여자라는 이유로 업신여길까 우려해서 남자 이름을 필명으로 사용했다. 작품에 따라 다른 이름을 쓰는 경우도 있다. 루이스 캐럴의 경우는 논리학에 관한 논문을 발표할 때에는 본명인 찰스 루트위지 도지슨을 사용했다. 장제스도 중요한 글을 발표한 때에는 본명인 장중정을 필명으로 사용했다. 본명이 너무 길거나 읽기 어려울 경우 간단한 필명을 만들어서 사용할 수도 있다."

'탈Book' 구성원 분들에게는 아명+필명이 결합된 성격의 이름, 미래의 비전이 내포된 이름을 가지게 하고 싶었다. 최근에 개명하는 분들이 늘어나고 있다. 부모가 지어준 이름 대신 자기가 의미를 가진 이름으로 바꾸는 일들이 빈번해지고 있다.

평생성장파트너 네이밍을 함께 짓는 행위는 미래를 그리는 첫걸음이다. 이름과 함께 미래를 예지하는 것 중 하나가 꿈이다. 아직 일어나지 않은 미래를 알고 싶은데 그 방법이 없을까? 꿈은 메시지다. 꿈을 통해 과거행동을 돌아보고, 앞으로 어떤 행동을 하고 싶은지 욕구를 대면하게 된다. 현재와 미래 소망이 담긴 이름이 필요했다. 현재와 미래를 연결하는 끈이 퓨처네임이다. 퓨처네임은 이름대로 되는 예지몽 성격을 담고 있다.

사자성어에 '축실도모'라는 말이 있다. 축실도모(築室道謨) : 쌓을

축, 집실, 길도, 꾀모로 구성된 단어다. '집을 짓는데 길손에게 묻는다'는 뜻으로 길가에 있는 사람들에게 방법을 물으니 사람마다 딴소리를 하여 집을 완성하지 못한다는 의미다. 비유적으로 쓸데없는 의논을 하여 실패함을 비유할 때 쓰는 표현이다.

미래를 위해 축실도모하지 않으려면 스스로 뜻을 세우는 것이 중요하다. 과거는 바꿀 수 없지만, 미래는 지을 수 있다. '퓨처네임'은 미래를 어슴푸레하게 스케치하는 설계도다. 자칫 드림네임과 비슷하게 생각할 순 있지만, 퓨처네임은 된 것을 믿고 움직이는 점이 다르다.

드림네임은 백일몽, 퓨처네임은 현몽이다. 점으로 연결되는 희미한 선은 결국 사라진다. 점에 자기의 확신과 노력이 묻으면 선으로 변한다. 선이 시간이 흘러 면이 되면서 공간이 생긴다. 그 공간 속에 기적이 일어난다. 매일 30분 '퓨처네임'의 이름을 잊지 말고 행동하자. 닮고 싶다 보면 어느새 이름대로 되어 있다.

퓨처네임을 정할 때 생각해야 할 TIP

1. 신이 100% 이루어준다는 것을 의심하지 말라.
2. 미래에 그 모습이 되면 지인들께 크게 쏠 마음이 있다면 좋은 이름이다.
3. 지인들이 퓨처네임을 보고 웃는다면 좋은 신호다.
4. 퓨처네임을 자신이 자주 사용하는 아이디 또는 비번으로 바꿔라.
5. 퓨처네임은 일회성 확정이 아닌 시간이 지나면서 바뀔 수 있다.

'퓨처네임' 첫 단추를 끼웠으니 내일을 위한 몸을 만들러 가보자.

남.다.맨을 만드는 몸테크

정신은 건강한 육체로부터 출발한다는 말이 있다. 파산하고 무기력한 사람들이 재기한 내용의 책들을 읽어보면 한결같이 이야기한다. 바보야 '정신이 아니고 육체다.' 거울 앞에 서 있을 때 매력적인 자신이 보이면 바깥에 나갈 용기, 즉 마음이 생긴다. 먼저 육체이고, 다음이 정신이다. 실패 원인을 찾는 것이 어찌 보면 빠른 길처럼 보이지만, 피폐한 몸을 추스른 이후 맞이하는 것이 중요하다. 이 순서가 바뀌면 터널이 아닌 동굴로 들어가는 실수를 저지른다. 파괴적인 정신 감옥에서 나오는 길은 육체를 고단하게 하는 것이다.

공자는 "큰 일을 이루려는 사람은 먼저 그의 마음을 괴롭히고, 그의 뼈를 시리게 하며, 그의 육체를 굶주리게 한다"라고 했다. 이 문구는 큰 인물이 되기 전에 시련과 어려움을 먼저 경험시킨다는 뜻이다. 거목이 되기 전에 강하게 단련을 시킨다는 의미다. 시련을 겪을수록 내면의 원석이 보석으로 바뀐다. 정신이 아닌 몸으로 시선을 돌릴 필요성이 높다.

지금 많이 힘들고 괴로운가? 그렇다면 안방 문턱에서 나오는 것부터 출발이다. 그냥 문 현관을 나와라. 세수 세면 샤워를 하지 않아도 된다. 자신의 몰골에 신경 쓰지 말고 나와서 바깥 공기를 마셔라.

그것부터 시작이다. 작은 행동을 매일 일정하게 루틴으로 만들면 된다. 처음부터 달릴 필요 없다. 어슬렁어슬렁해도 된다. 움직이는 순간 부정적인 감옥이 아닌 가능성의 세계가 열린다. 어이없는 것부터 하자. 계단을 1층 걸어 올라가자. 그리고 나머지는 엘리베이터를 타도 상관없다. 몸테크는 안 하던 짓을 하나씩 하는 것이 그 열쇠다.

집에 올 때, 한 정거장 전에 내려 걸어보는 것도 몸테크다. 지금까지 자신이 산 동네의 한 번도 본 적이 없던 구석구석이 보인다. 걷다 보면 그곳에서 열심히 사는 사람들이 한 명 두 명 보인다. 몸을 움직이면 안 보이던 것이 보이기 시작한다. 그렇게 움직이면서 없었던 식욕이 조금씩 생긴다. 육체를 강하게 훈련할수록 멀리 가출했던 정신이 조금씩 돌아온다. 몸을 쓰기 시작하면 세포는 다시 살 에너지를 조금씩 충전해 준다.

1%, 3% 초반에는 에너지 충전 속도가 너무 느리다. 시간이 지나면서 50% 충전이 된 자신을 만난다. 그때부터 시작된다. 다시 시작하자는 마음이 싹튼다. 내 안에 곡기가 들어가고, 배가 고프기 시작하면 생명 활동의 필요성이 생긴다. 그때부터 자신이 왜 이 상황이 되었는지 셀프레이더가 가동된다. 그 레이더는 더 이상 나를 망가뜨리는 방식으로 사용이 되지 않는다. 다시 그때로 돌아가면 하지 말아야 할 행동과 적합한 행동이 무엇이었는지 파악된다. 사업을 할 때 최악의 시나리오를 준비하지 않고 장밋빛 전망으로 진행했다. 매일매일 대충의 느낌으로 지냈다. 대충에 대해 진지하게 들여다보지 않고, 미뤘다. 미룸이 아닌 좀 더, 0.1%만 더했으면 되는데. 그 마음

잊지 말자.

정신력은 왜 약해졌을까? 매일 분주해서 몸을 혹사만 했지, 운동은 하지 않았다. 혹사와 운동은 비슷하게 보여도 그 에너지와 질이 다르다. 외부에 대한 레이더도 필요하지만, 더 중요한 것은 내 안을 들여다보는 셀프피드백이 절대적으로 부족한 것을 깨닫게 된다. 셀프피드백과 더불어 부족한 또 하나가 있었다. 또 하나 놓치고 있었던 것은 무엇일까?

결핍레이더를 발동하라

결핍레이더다. 본래 사전적 의미의 레이더를 찾아보면 레이더(RADAR, 레이다)는 전파 이용 탐지 및 거리 측정(RAdio Detection And Ranging)의 줄임말로, 조사한 전자파가 대상에 부딪힌 뒤 되돌아오는 반사파를 측정하여 대상을 탐지하고 그 방향, 거리, 속도 등을 파악하는 정보 시스템을 이른다. 이를 위해 개발된 레이더 장비(RA-DAR device)를 줄여서 '레이더'라고 부르기도 한다.

분명 레이더는 다양한 분야에서 많이 사용되고 있다. 특히 방산산업과 국방에서 자주 사용되는 개념이다. 적군보다 먼저 탐지해서 아군이 먼저 목표물을 맞춘다면 백전백승이다. 미사일 못지않게 중요한 것이 레이더다. 우·러전쟁을 통해 레이더 역할은 더 강조되는 실정이다.

전쟁만 그럴까? 삶도 요즘은 전쟁처럼 치열하다. 생활 속에서 남들이 체크 못하는 나만의 레이더가 있으면 좋지 않을까? 사실 당신 안에 레이더가 있다. 단지 꺼내지 못하고 있다. 일명 감각이다. 사람은 어디를 가든지 자신만의 느낌, 직감이 있다. 낯선 곳에 가서 식당을 찾을 때도 감으로 식당을 선택한다. 마을 주변을 보고 그중에서 몇 개의 식당으로 좁힌다. 그다음 지금까지 가지고 있는 촉을 이용해서 먹을 만한 식당을 찾는다. 식당뿐만이 아니다. 소개팅을 할 때도 주선자는 맞선 남녀에게 초반에 자신의 느낌을 요구한다. 절대 정보가 부족한 상황에서 자신만의 감으로 표현한다.

오늘 미팅이 의미 있는 시간이 될지 파악하는데 그리 오래 걸리지 않는다. 미팅뿐만이 아니라 쇼핑을 할 때도 비슷하다. 3-4시간을 쇼핑했지만 사실상 초반에 눈에 들어온 옷을 사는 경우가 많다. 이런 것은 인간만이 지닌 레이더, 일명 촉 또는 감이다. 촉 또는 감을 좀 더 업그레이드해서 나오는 능력이 '결핍레이더'다.

누군가 입으로 표현하지 않았는데 그것을 해줄 때 사람들은 감동한다. 외국에서 노란우산을 씌어 주는 한국분이 있었다. 낯선 외국인들 남자, 여자, 할머니, 다양한 분들에게 아무런 이유 없이 장마기간에 노란우산을 웃으면서 신호등 앞에서 씌어 주었다. 한결같이 3초도 안 되어 다들 웃음이 입가에 번졌다. 그 상대방의 숨겨진 욕구를 읽어서 행동한 것이다. 그들의 결핍을 읽었다. 매일 위대한 프로젝트, 대단한 일이 주어지는 것은 아니다. 여러분들이 매일매일 진수성찬을 먹지 못하는 것도 같다. 가끔 특별한 일을 기념해서 평소보다 더 럭셔리하게 식사를 한다. 매일 사소한 일상 중에서 우리의 다른 생각, 다른 사소한 시도가 더 중요하다. 이때 필요한 감각을 나는 '결핍레이더'라고 명명한다.

결핍레이더는 사소한 것 같지만 모든 것을 잃어버린 개인에게 중요한 생존도구가 될 수 있다. 마치 다윗의 물맷돌로 비유하고 싶다. 좋은 방향으로 결핍레이더를 사용하면 사람을 살리고 기회가 온다.

반대로 이 결핍레이더를 잘못 사용하면 사기꾼이 되고 범법자가 될 수 있다. 일상에서 '칼'을 가지고 설명을 많이 한다. 주방장이 사용하는 칼은 맛있는 음식을 제공하는 소중한 도구다. 그에 반해서 누군가의 물건을 빼앗기 위해서 사용하는 칼은 강도, 살인자의 칼이 된다. 즉 양면성이 존재한다. 우리가 '결핍레이더'를 우리 주변이 조금이라도 좋아지게 하는 곳에 사용하면 그 여파는 결국 자신에게 돌아온다.

결핍레이더를 사용할 수 있는 질문 몇 가지를 소개해 본다.

1. 지금 내가 집에서 회사까지 출근하는데 불편한 것이 뭐가 있는지 물어본다.
2. 주변 사람들이 이것이 있으면 좋겠다고 하는 것들을 정리해 보자.
3. 짜증을 내고 불편한 상황과 물건, 서비스가 있는지 생각해 보자.

4. 손이 부족해서 고양이 손이라도 필요한 분이 주변에 있는지 생각해 보자.
5. 직장인이라면 급여 주는 대표의 통장잔고를 생각해 보자.
6. 결핍은 상대방에게만 있는 것이 아닌 자신에게도 있다.
7. 결핍레이더를 가동했을 때 좋아했던 분들의 표정, 감사한 말을 떠올려보자.

당신 스스로 결핍레이더 질문을 만들어보자.

1. ______________________________

2. ______________________________

3. ______________________________

스스로 만든 3가지 질문을 이제 바로 적용해 보라. 오늘 밤, 이번 주 지나서 당신은 다른 경험을 한 자신을 만나게 된다.

'탈Book' 프로세스 + 결핍레이더 = 성장 게임 체인저

'탈Book' 프로세스 과정에 대한 개념 및 프로세스 과정을 리마인드해 보자. '탈Book' 프로세스는 1단계 생존신고, 2단계 '오.여.기' 미션, 3단계 60일 집중아웃풋 미션으로 구성되어 있다. 매일 새벽과 아침 시간에 이것들을 진행한다. 최근 신경이 쓰이는 문제를 가지고, '탈Book' 시간에 적극적으로 풀어간다.

생존신고는 정말 중요하다. 책만 찍는 것이 아니다. 나의 공부 환경 세팅 사진을 찍는 것이 핵심이다. 책 표지가 아닌 공부할 준비를 마친 상태가 나와야 한다. 즉 공부 환경 세팅을 찍는 것이다.

잘못된 생존신고 방식

새벽 출발 준비가 세팅된 생존신고. 생존신고는 간단하지만, 그 위력은 대단하다. 이를테면 함께하는 곳에서 같이 뛸 준비를 했다는 신고행위다.

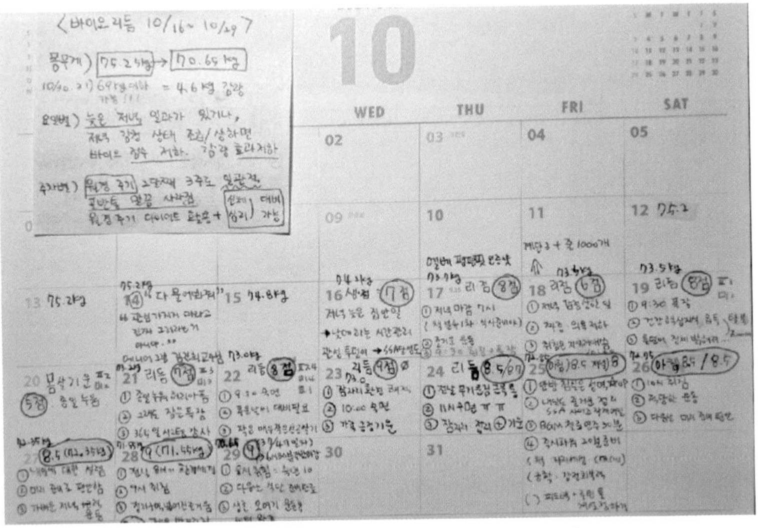

<바이오리듬 10/16~10/29>
WED
THU
FRI
SAT

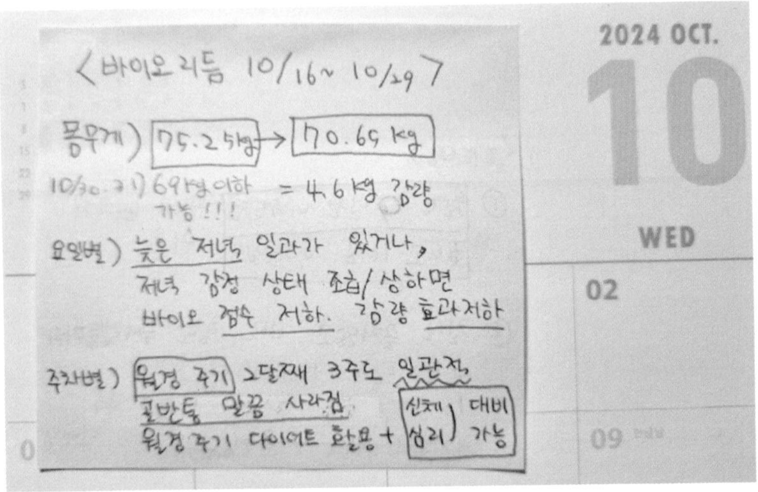

<바이오리듬 10/16~10/29>
몸무게) 75.25kg → 70.65kg
10/30. 21) 69kg 이하 = 4.6kg 감량
가능!!!
요일별) 늦은 저녁 일과가 있거나,
저녁 감정 상태 조합/상하면
바이오 점수 저하. 감량 효과저하
주차별) 월경 주기 그달재 3주도 일관적,
골반통 말끔 사라짐
월경주기 다이어트 활용 + 신체 심리 대비 가능
2024 OCT.
10
WED
02
09

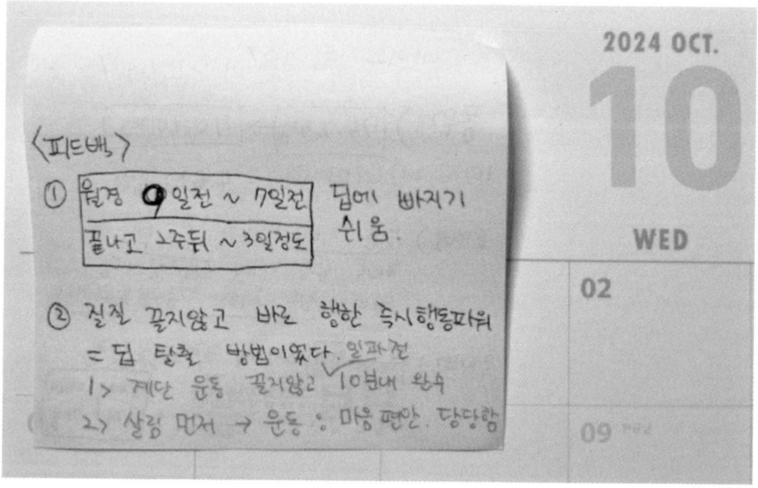

한 여성분이 10월 한 달 동안 생존신고와 바이오리듬을 통해 스스로 데이터를 기록하고, 그 데이터를 기반으로 피드백해 다음 달 11월을 선공하는 달을 준비하게 되는 선순환이 온다. 좋은 컨디션을 가지고 그다음 단계인 오.여.기 미션을 시도하면 그 질이 남다르게 나올 가능성이 커진다. 오.여.기 미션은 책을 읽고 아웃풋을 내는 분들에게 아주 유익하다. 중요한 만큼 다시 한번 그 과정을 익혀 보자.

발생형 문제에 대한 C.Q(코어퀘스천) 질문을 던지고, C.W(코어워드) 발견이 중요하다. 해결 실마리가 코어워드다. 코어워드에서 연상이 되면서 C.I(코어인사이트)를 적는다. 그다음 자신이 해야 할 구체적 C.A(코어액션)를 적는다.

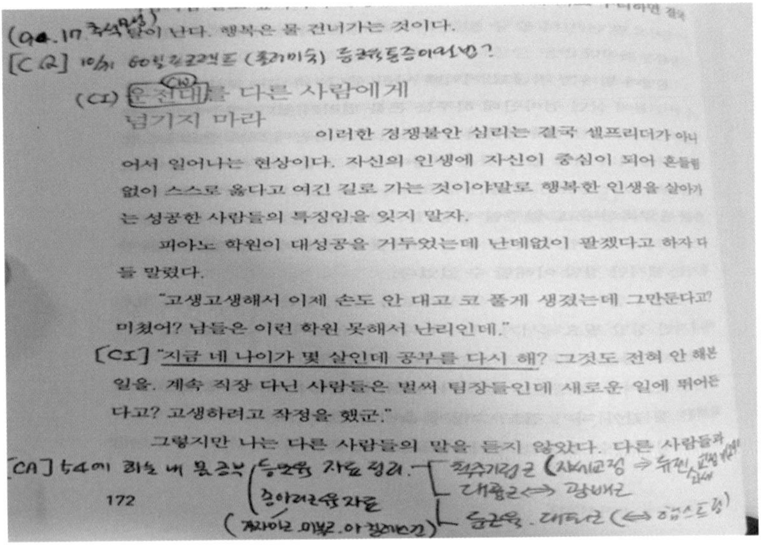
난다. 행복은 물 건너가는 것이다.

운전대를 다른 사람에게
넘기지 마라

이러한 경쟁불안 심리는 결국 셀프리더가 아니어서 일어나는 현상이다. 자신의 인생에 자신이 중심이 되어 흔들림 없이 스스로 옳다고 여긴 길로 가는 것이야말로 행복한 인생을 살아가는 성공한 사람들의 특징임을 잊지 말자.

피아노 학원이 대성공을 거두었는데 난데없이 팔겠다고 하자 다들 말렸다.

"고생고생해서 이제 손도 안 대고 코 풀게 생겼는데 그만둔다고? 미쳤어? 남들은 이런 학원 못해서 난리인데."

"지금 네 나이가 몇 살인데 공부를 다시 해? 그것도 전혀 안 해본 일을. 계속 직장 다닌 사람들은 벌써 팀장들인데 새로운 일에 뛰어든다고? 고생하려고 작정을 했군."

그렇지만 나는 다른 사람들의 말을 듣지 않았다. 다른 사람들과

172

코어리딩 방식으로 오.여.기 미션을 하면 된다. 생존신고와 오.여.기 미션이 자신의 문제라면, 결핍레이더는 타인을 위해서 내가 사소하게 돕는 행동이다. 하루 35분 타인의 결핍을 채워 주는 시간을 할애해 보자. 다른 관점이 보이기 시작한다.

이 비율은 바닷물에서 나온 개념이다. 19세기 영국의 챌린저호가 3년 6개월간 세계 60여 개의 해역을 돌며 해양조사를 실행한 결과, 어느 바다의 물이든 염류의 비율은 약 77.7%로 모두 동일하다는 것이 밝혀졌는데, 이를 '염분비 일정의 법칙'이라고 한다. 평균 염도는 3.5%(35psu)이고, 염화나트륨(염소 55%, 나트륨 30.6%) 이외에도 황산염(7.7%), 마그네슘 이온(3.7%), 칼슘 이온(1.2%), 칼륨 이온(1.1%), 중탄산염(HCO3) 등이 녹아들어 있다. 이 7가지를 통틀어 바

닷물의 염류(鹽類)라고 하며, 이중 함유량 1, 2위인 염소와 나트륨이 바로 바닷물에서 짠맛이 나는 원인이다.

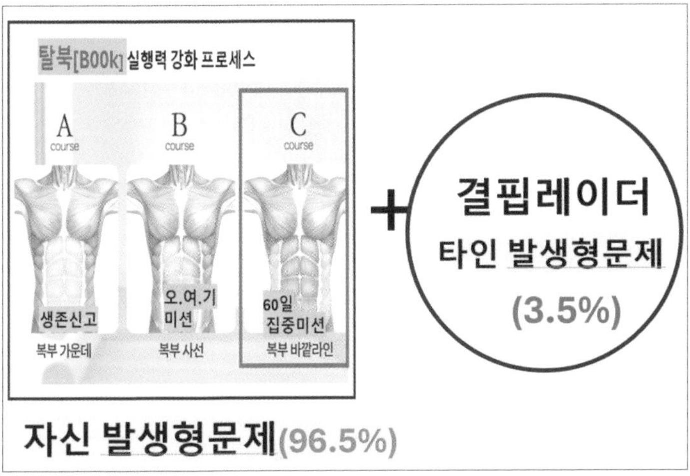

바닷물이 강물과 다른 이유는 35g 무기질이 있기 때문이다. 3.5% 비중이 강과 바닷물을 나뉜다. 의도적으로 책을 볼 때 나의 문제에 96.5% 생각을 하고, 잠깐 내 주위 사람들의 결핍이나 문제를 조금 도울 수 있다면 하는 마음을 3.5% 사용한다. 100% 자신의 발생형 문제를 해결하는 것이 큰 성장을 할 것 같지만, 의외로 3.5% 정도 비중으로 꾸준히 타인의 문제를 돕는다면 다른 아웃풋이 나오게 된다.

자신을 위해서 코어리딩할 때 아이디어와 타인을 돕는 코어리딩을 할 때 아이디어는 생각보다 다르게 나온다. 그래서 두 가지 관점을 갖게 되면 다양성이 늘어난다. 하루 1,440분에서 잠자는 시간 420분을 제외하고 대략 1,000분이다.

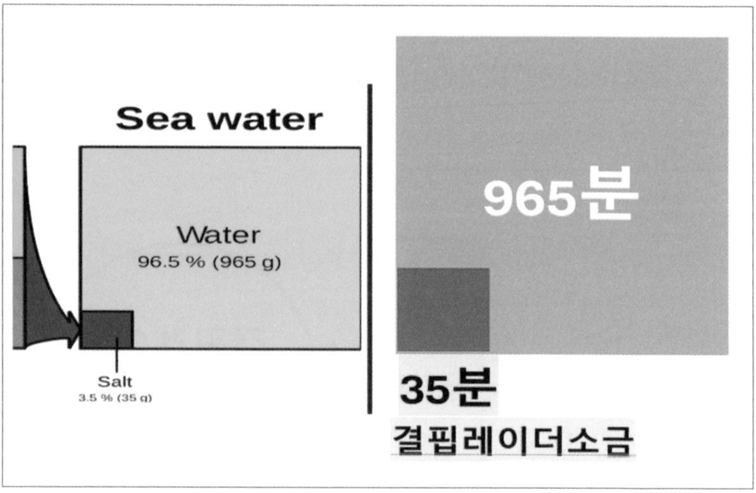

하루 35분을 사용해 보자. 35분은 바닷물에서 염분 35g에 해당한다. 하루 35분 타인을 위해 결핍레이더를 사용해 보자. 그 결과 시간이 지나면 빛과 소금과 같은 존재로 여겨진다.

02

이제는 생각전쟁이다

2020년 이후 다시 냉전 시대로 복귀하는 듯한 흐름이 나오고 있다. 우크라이나와 러시아 사이에 전쟁이 벌어졌다. 피해는 엄청나게 일어나고 있다. 영토전쟁 또는 사상전쟁이 일어났다. 단기적으로 러시아가 일방적으로 끝낼 것처럼 예상했지만, 실제로 2년 이상 진행 중이다. 빨리 전쟁이 마무리되기를 희망한다. 전쟁의 양상이 여느 때와 다르다. 몇 가지가 있지만 당연히 드론이다. 가성비 최고이다. 50억 전차를 1천만 원~3천만 원 드론 한 대로 맞교환을 해버린다.

이것 또한 최초로 누군가의 머릿속에서 나왔다. 전략과 전술은 특히 약자가 강자를 상대할 때 빛을 낸다. 전략과 전술은 생각이다. 양국의 최고 수뇌부의 머릿수 싸움이 전쟁 승패의 중요한 요소가 된다.

그럼 국가별 전쟁에만 생각이 중요할까? 아니다. 생각은 기업, 단체, 개인 모두에게 중요하다. 책을 본다는 것은 다른 사람의 생각을 들여다보는 방법 중 검증된 방식이다. 고전을 통해 변하지 않는 본질적 생각을 추려낸다. 그 추려낸 생각으로 오늘을 더 나은 방향으로 활용이 가능하다. 탈북[Book] 과정에서 생각하는 생각전쟁은 단순하다.

생각전쟁은

G.B.I 를 K.B.I 로
바꾸는 작업이다

1주일 행동했는데 달성률 변화가 없다면, G.B.I(일반적 의미가 적은 행동)이다.

K.B.I(중요한 의미 있는 작은 행동)를 찾는 것이 중요하다. 같은 시간 같은 일을 하여도 천차만별의 아웃이 나오는 중요한 이유다. 초

등학교 6년, 중학교 3년, 고등학교 3년 총 12년을 같은 시간을 들여서 다녔지만, 12년 후 아웃풋 결과물은 다양하게 나온다. 좋은 대학 좋은 학과를 가기 위해서는 성적이 오르는 핵심 행동 반복에 답이 있다.

책을 읽는 이유 중 하나는? 일반적인 행동, 즉 G.B.I 행동을 줄이고 K.B.I 행동을 늘리는 것도 한몫한다. 이미 시도해 본 저자의 핵심 행동을 벤치마킹하게 되면 시간, 돈, 에너지를 줄일 수 있게 된다.

잘 안 되던 것들이 생각의 변화를 통해 아웃풋이 달라지면 삶의 활력이 생긴다. 그렇게 30일, 60일, 100일이 지나면서 변화의 싹이 보인다. 한 분 두 분이 내 작은 변화를 느끼면서 좋은 피드백을 해준다. 자신만의 멋의 폭발이 시작된다. 핵심 행동(Key Behavior)이 늘어나면서, 핵심성과지표(K.P.I)도 달라진다. 좋은 결과가 나오면 자기효능감이 좋아지면서 더 도전적으로 삶을 대한다. 자체에너지의 변화가 시작되면 가장 큰 수혜자는 자신이다. '나로부터' 변화는 주변에 낙수효과를 유발한다. 자신이 하던 일 중에서 덜어내고, 추가해야 할 것을 한두 가지 찾아보자. 책이 아니어도 가능하다. 유튜브도 가능하고, 멘토와 커피 한잔하면서 나온 이야기도 모두 같다.

시시포스 형벌을 끝내는 방법

늘 하는 일은 매너리즘을 유발한다. 모든 일은 시간이 지나면서 습관과 루틴이 생긴다. 일을 빨리 처리하지만 반대로 일에 대한 흥미와 설렘이 줄어든다. 대학교 졸업 후에 면접을 준비하면서 5~6군데 면접을 보고 힘들게 취업했다. 100일간은 힘들게 들어간 만큼 인정받고, 빨리 동료와 회사에 밥값을 하고 싶은 니즈가 제일 높다. 자신의 의욕은 높지만, 업무능력은 허점투성이다.

시간이 지나면서 일은 익숙해져 일의 전문성은 높아진다. 그에 반해 익숙함이 시작되면서 일을 반복하는 로봇처럼 느껴진다. 모든 분야에서 초심자의 기간에는 인풋 대비 아웃풋이 빠르게 나온다. 하지만 시간과 에너지를 투여해도 결괏값이 바뀌지 않는 구간이 온다.

앞에서 이야기했던 세스 고딘의 '딥(Dip) 상황이 온다. 업무만 그런 것이 아니다. 연애, 결혼에서도 똑같이 프로세스는 반복된다. 사랑하는 사람과 만날 때 모든 것이 그 사람 중심으로 움직인다. 설레이고 보고 싶고 하나씩 알아간다. 시간이 흐르면서 점점 심장 박동수는 정상으로 돌아온다. 사랑의 호르몬 수치도 스파크가 일어나는 경우는 점점 줄어든다. 이것이 자연의 이치다.

결혼 30년이 되어도 참 멋지게 살아가는 부부들을 종종 보게 된다. 일반적인 부부들은 집에서 키운 애완견보다 더 관심을 받지 못한다. 왜 이런 차이가 발생할까? 그것은 반복되는 일에 대한 태도다. 그리스 신화에 나오는 '시시포스' 형벌이다. 매일 매일 가파른 언덕에서 돌을 산 정상으로 올리려고 노력하지만, 다시 아래로 내려온다. 죽어야 끝나는 형벌이다. 누군가는 자신의 끊임없는 일을 '시시포스' 형벌로 보는가 하면 또 다른 소수는 좁은 통로로 본다. 바로 딴지생각이다. 대다수 97% 사람들이 그것을 힘들고 고된 노동으로 볼 때 소수 3%는 이것을 어떻게 다르게 시도할까? 질문하면서 극복해 간다.

우리가 매일 삼시세끼 식사를 하면서 제일 힘들어하는 것은 메뉴 선정이다. 왜 그럴까? 반복적인 음식은 음식 먹는 재미를 반감시킨다. 점심때 삼겹살을 먹었으면 저녁에는 면류 아니면 밥 종류를 먹게 되는 것이 기본적 식성이다. 같은 것을 먹으면 뇌에서 도파민이 덜 나오기 때문이다.

그런데 누군가 60일 동안 김치찌개를 먹어야 하는 상황을 부여한다면 이것처럼 힘든 일은 없을 것이다. 시간은 정해져 있으니 꾸역꾸역 60일간 김치찌개를 먹는 사람이 대부분이다. 김치찌개에 하루는 삼겹살을, 다른 날에는 두부를, 소고기를, 양고기를, 라면을, 양파를, 대파를 등등 다양한 양념 및 재료를 추가해서 먹기를 시도한다면 먹는 고역은 조금 줄어들 수도 있다. 실상 그 지겨운 맛이 큰 폭으로 줄지는 않는다. 하지만 약간의 먹는 즐거움은 다른 시도로 늘릴 수 있다.

우리도 일도 비슷하다. 당신이 시도하는 여러 가지 방식이 큰 폭으로 변화를 주기는 어렵지만, 그럼에도 불구하고 어제보다 0.01% 조금 보람이 늘어나면 향후 어떤 일이 생길까? 1,000일을 꾸역꾸역 0.01% 다르게 접근하면 10% 변화가 생긴다. 만약 조금 더 노력해서 0.1% 딴지생각으로 올리면 100% 변화가 생긴다. 0.01% 딴지생각을 할 것인가? 0.1% 딴지생각을 할 것인가? 선택은 각자의 몫이다. 딴지생각은 딴지행동을 유발한다.

식당에 갔을 때 내가 제일 좋아하는 식당은 테이블 위에 좋은 양념류가 있는 식당이다. 이유는 내 기호에 맞게 추가해서 먹으면 맛이 달라지기 때문이다. 일터에 갈 때 자신만의 딴지생각 양념류를 챙겨 가면 좋다. 양념소스는 각자 준비해 둘 필요가 있다. 쉐프와 일반요리사의 특징은 조리법과 요리실력에도 차이가 있지만, 양념류와 소스의 가짓수에서 많은 차이가 있다. 이젠 삶의 멋진 쉐프가 되어보자.

'딴지생각'으로 남다르게 일하는 방법

약속된 양까지 의무적으로 해내야 한다. 그다음 멈추어도 괜찮다. 그럴 때 질문을 해보자. 조금 더해 두면 어떨까? 미리 내일 것, 모레 일까지 해두면 어떻게 될까? 이 생각이 들면 행동을 조금 늘려본다. 분명 내일 할 일을 더해 두면 내일의 일은 줄어든다. 한 달간 해야 할 태스크가 보름 만에 마무리되는 경험을 하게 된다면 어떤 변화가 생길까? 내적 만족도가 증가하게 된다.

자기 주도성은 뇌 안에 '노(No)+ㅣ'의 움직임을 줄어들게 해준다. 60일간 해야 할 프로젝트 아웃풋을 구체적으로 정해 보라.

예를 들어서 공인중개사 시험을 시작한다고 하자. 개념정리 5페이지, 30문제 풀기가 매일 할당된 공부량이라고 하자. 그런데 새벽에 집중이 잘되어 3시간 만에 작성하던 것이 2시간 만에 마무리되었다. 이때 멈추어도 되지만 1시간 좀 더해 볼까? 30분간 개념정리 1페이지와 실전 문제 10문제를 더 풀었다. 남은 30분은 실제 공인중개사 현장에서 자주 사용되고 필요한 지식이 무엇인지 공인중개사 하는 선배님들에게 물어본 시간을 가졌다. 전체 과목 중 부동산 실무에 많이 사용되는 목차에 핑크색을 칠해 보자. 이 작은 행동이 불러온 효과는 무엇일까?

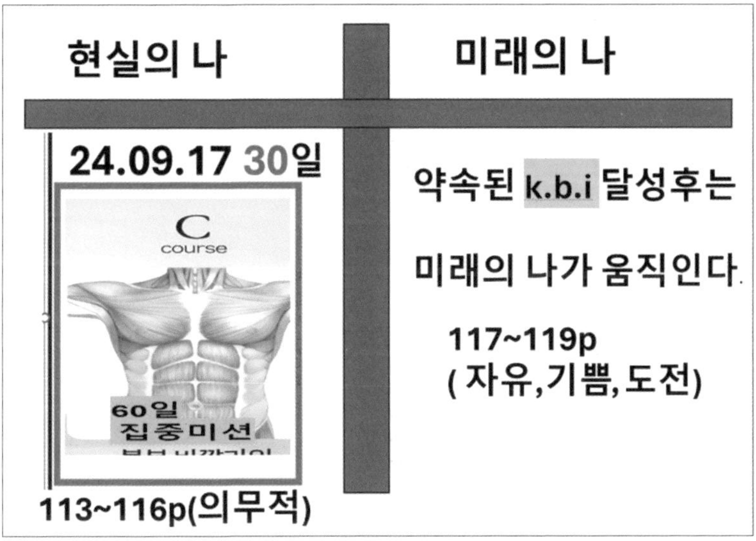

단지 공인중개사 시험뿐 아니라 합격 이후 현장에 가서 더 잘하도록 하게 해주는 마중물이 된다. 오늘의 나와 미래의 나가 연결되면서 향후 시너지가 발생하게 된다. 짜장면과 짬뽕을 따로 시켰던 것은 각각 그릇에 담아야 했기 때문이다. 그런데 누군가 이것을 같이 먹을 방법이 없을까 고민한다. 한 그릇에서 나뉘는 그릇을 만들어서 먹을 수 있도록 한 이후 짜·짬을 동시에 시켜서 먹을 수 있게 됐다. 짜장면과 짬뽕을 섞어서 만든 것이 아닌, 도구 그릇의 변화로 원스톱 시스템을 만들었다. 그래서 생각은 중요하다. 시험합격과 실무지식은 따로따로 일 수 있다. 그렇지만 여기에 의미를 부여하고, 자기주도성을 결합하면 달라지기 시작한다.

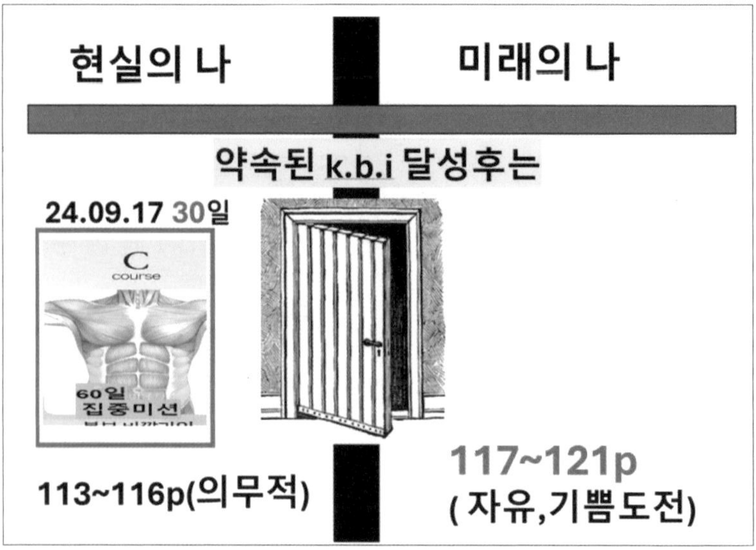

삶이라는 문제를 푸는 데 있어서 필요한 것은 마감(Dead-Line)과 함께 작은행동(S.S.A)이다. 마감되면 벽에 문이 생긴다고 생각해 보자. 많은 문제를 해결할 때마다 미래로 가는 문이 더 많이 확보된다고 생각하자. 즉 기회의 문을 연다고 생각하면서 풀어가자. 의무감에서 도전으로 의미가 바뀌면 생각의 물꼬가 열리기 시작한다. 마감은 문이고, 마감을 일찍 마무리하고 싶다면 좀 더 하고 싶은 찰나를 놓치면 안 된다. 조금 더하는 행동이 누적되면 마감은 빨라진다. 문[Door]에 작은 자발성 행동(Small Self-Action)이 결합하면, 그때부터 가속이 시작된다. Small Self-Action은 누가 들어도 어이가 없는 사이즈 행동일 수 있다. 집필을 한다면 3줄을 더 작성하거나, 운동을 한다면 팔굽혀펴기 한두 번 더하는 것 같은 경우다. 공부하는 학생이라면 한 문제, 한 페이지 더하는 것이다. 헬스트레이너 코치분들은 15분까지 강제적으로 운동을 시킨다. 그리고 감언이설로 수강생들이 15초 30초 1분 3분 운동을 더 하도록 유도한다. 그때부터 체지방을 낮추기 위한 고육지책이다.

왜 자꾸 운동의 시간을 늘리도록 할까? 결국 일주일 150분 운동만큼 늘리도록 하는 것에 목표가 있다. 150분은 운동 측면에서 중요한 수치다. 세계보건기구(WHO)와 미국심장협회(AHA), 미국질병예방센터(CDC)가 공통적으로 권장하는 운동량이다. 생활패턴에 따라 운동량을 조정하되, 일주일에 150분 이상 유산소 운동을 하라는 것. 하루 30분이면 1주일에 5번, 1시간이면 주당 3일만 하면 되는 양이다. 마감이 된 다음 무리한 목표는 그다음 날 일주일 뒤 결국 실패를 유도한다. 초반에는 마감 이후 아주 어설프게 1% 더한다는 생각으로 해보자. 시간이 지날수록 점점 안 되던 것들이 더 쉽게 되는 경험이 시작된다. 나의 숨어 있던 잠재력이 점점 현실화하면서 마감 이후 할 수 있는 역량이 늘어난다. 오늘부터 마감 이후 작은 자발성 행동을 해보자. 60일이면 그 효과를 직접 확인할 수 있다.

노후자금보다 더 중요한 생각자금

우리도 이제 2024년 12월 23일 기준, 초고령화 사회에 진입했다. 고령화 사회 기준은 어떻게 나눌까? 국제연합(UN)의 기준에 따르면 전체 인구에서 65세 이상이 차지하는 비율인 고령자 인구 비율이 7% 이상이면 고령화 사회, 14% 이상이면 고령 사회, 20% 이상이면 초고령 사회로 구분된다.

통계청 자료를 살펴보면 2022년 기준 우리나라의 65세 이상 고령인구는 전체 인구의 17.5%로, 계속 증가하여 2025년에는 20.6%를 기록하여 초고령 사회로 진입하고, 2035년 30.1%, 2050년에는 43%를 넘어설 것으로 전망되고 있다(통계청 2022). 우리나라가 초고령 사회에 도달하는 속도는 OECD 주요국에 비해 빠르게 진행되고 있으며, 고령 사회에서 초고령 사회 도달 소요연수는 영국 50년, 미국 15년, 일본 10년에 비해 우리나라는 7년에 불과할 것으로 전망된다(통계청 2022). 7년 만에 영국 50년의 기록과 같다. 엄청난 속도다. 이 속도 때문에 우린 준비하지 못하고 노후를 맞이하게 될 가능성이 커진다.

노후에 평범한 생활을 유지하려면 어느 정도의 생활비가 필요할까? 국민연금연구원에 따르면 우리나라 중고령자들은 매달 적정 노후 생활비로 부부 기준 평균 268만 원, 개인 기준 평균 165만 원을 필요로 하는 것으로 나타났다. 그렇다면 실질적으로 어느 정도 연금을 받을까? 국민연금관리공단이 23년 받은 연금수령액을 24년 1월에 발표했다. "국민연금 수급자 절반은 월 40만 원 미만 수령…평균 62만 원"이다.

개인으로 보면 [165만 원 필요자금 – 실제 수령 평균 62만 원] 차이는 103만 원이 나온다. 향후 다가올 폭풍은 뻔히 보인다. 그만큼 준비가 매우 부족하다. 그럼 갑자기 100만 원을 채우는 방법이 있을까? 나이가 20~30대라면 준비할 수 있지만, 50이 넘은 분들에게는 가능성이 희박하다. 부족한 노후자금으로 인해 단념하고 포기해야 할까?

전쟁에서 약자가 강자를 상대로 이긴 경우가 있다. 20세기 가장 대표적인 것이 미국을 상대로 한 베트남의 승전이다. 모든 면에서 베트남은 열세였지만 자신만의 독립을 이루었다. 부족한 요소를 생각을 이용한 전략의 승리다. 불리한 상황이더라도 생각을 어떻게 하느냐에 따라 결과가 다른 아웃풋을 만들 수 있다.

노후도 분명 생각을 달리하면 방법이 있을 수 있다. 노후자금을 마련하기 전 생각자금을 구축하자. 생각이 모이면 결국 노후자금 액수에 변화를 불러일으킨다. 165만 원이 필요하던 노후자금이 90만 원으로 줄어들 수 있다. 어떻게 그것이 가능할까? 주변에 친척분들과 지인분 중 65세 이상 분들의 생활 지출 명세를 알아보면 된다. 엥겔(식품)지수와 의료지수로 나가는 돈이 큰 비중을 차지하는 것을 알 수 있다.

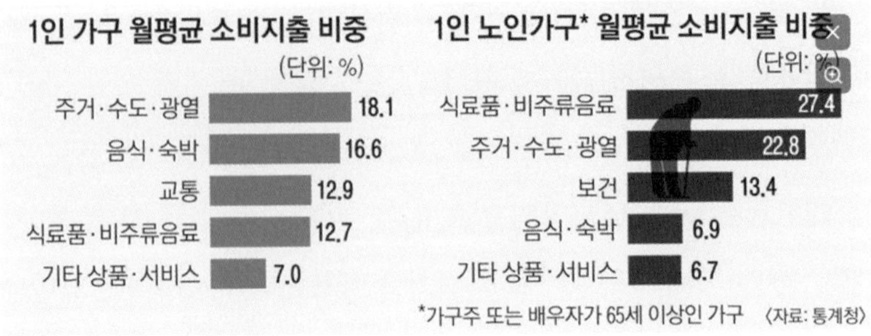

2017년 통계청에서 조사한 자료를 보자. 젊은 세대 1인 가구 월평균 소비지출 4위 항목인 식료품·비주류 음료에 나가는 비중이 12.7%인데 65세 1인 가구에서는 27.4%로 1위 항목이 되었다. 14.7% 늘어났다. 주거 · 수도 · 광열이 18.1%에서 22.8%로 4.7% 늘어났다. 특히 노인가구 지출항목에서 두드러진 것이 보건 13.4% 지출이 추가로 늘어났다. 항목이 가장 새롭게 늘어났다. 결국 의료비가 13.4% 늘어났다. 100만 원 기준이면 134,000원이 의료비이다. 의식주에 52.2%이므로 522,000원이 지출된다. 대략 66만 원 정도가 의식주와 의료비에 나간다. 결국 66% 항목에 대한 남다른 접근이 필요하다. 이것을 어떻게 할 것인지에 따라서 노후자금이 많이 절감될 수 있다.

40대~50대부터 근육적금과 건강한 식생활 개선을 하여 노후에 병원 또는 약 한번 먹지 않는 활동적 노년들을 우리 주변에서 제법 보게 된다. 특히 유튜브 검색만 해보아도 수천 명의 주인공이 있다. 그들은 66% 비중에서 이 항목을 40% 아래로 낮추신 분들이 많다. 작은 텃밭과 옥상을 이용해서 식료품 비용을 낮추고, 운동과 섭생을 개선해서 덜 아픈 몸으로 바꾸신 덕분이다. 이분들은 남다른 노후 생각적금을 들어서 준비한 것이다.

건강 책을 본 후 3끼 식사에서 2끼 식사로 해도 큰 문제가 되지 않는다고 알고, 50대 초반부터 1일 2식으로 식사패턴을 바꿨다. 3끼 나가는 비용에서 2끼 비용으로 나가게 돼도 33% 비용을 아낄 수 있다. 50세 싱글 남자분의 노후자금 165만원은 버거운 목표지만, 85만원은 해볼 만한 수치다. 이것이 '생각적금'이다. 직접적 돈을 더 모은 것도 방법이지만, 나쁜 음식에 나가는 외식비를 줄이고 생활 속 운동, 즉 산스장을 이용해서 근육을 만들면 약국과 병원에 가는 횟수를 파격적으로 줄일 수 있다. 즉 건강적금 저축으로 의료비 나가는 비용이 줄게 된다. 이제부터 10년간 평생 갈 건강을 준비해서 노후 의료비로 나가는 비용을 제로로 만들자.

책 파먹기로 산삼보다 귀한 '책삼'을 캐보자

인삼, 산삼, 해삼은 익숙하다. 그렇다면 '책삼'은 무엇일까? 책 속의 보화, 책 속의 귀한 지식을 말한다. 백 년 된 산삼은 가격이 억대가 넘는다. 그만큼 약재와 효능도 탁월하고, 희소성이 으뜸이기 때문이다. 책도 산삼 못지않게 수천 년, 수백 년, 수십 년이 넘게 전해오고 있다. 책 속에서 우린 산삼과 같은 귀한 효능 및 가치를 발견할 수 있다. 산에서 누구는 도라지, 장뇌삼을 캐고, 누군가는 산삼을 캐기도 한다. 그렇듯 책도 마찬가지다. 단순하게 나물 정도 지식을 캐는 사람도 있고, 장뇌삼 가치만큼 캐는 사람도 있다.

우린 책 속에서 산삼 이상의 가치를 발견할 수 있다. 삶 속에서 엄청난 아웃풋을 낸 분들 중 도서관에서 책삼을 채굴하신 분들이 많다. 전 배달의 민족 김봉진 대표, 개그맨 활동하면서 사업으로 4번 정도 망했다가 다시 멋지게 재기하신 고명환 대표, 〈리딩으로 리딩하라〉 저자 이지성 작가분도 힘들었던 시기를 책을 통해 극복한 분이다. 이분들 이외에도 외국에서 개인적으로 독서광 3명을 뽑는다면 빌 게이츠와 워렌 버핏, 일런 머스크다. 이들은 모두 세상의 파도에 좌초되고, 침몰할 상황까지 갔던 분들이다. '책배'를 통해 안전하게 귀한 보물이 숨겨진 항구까지 갈 수 있었다.

그럼 어떻게 책에서 발견했을까? 중국 삼국시대 위나라 '동우'라는 학식 깊은 선비의 말에 힌트가 있다. "백 번을 읽으면 절로 알게 된다(讀書百編義自見 · 독서백편의자현)"는 말이 있다. 그런데 어떻게 백 번을 읽었을까? 언제 어떤 방식으로 읽었을까? 어떻게 하였기에 '책삼'이라는 귀한 보물을 발견하여 자신의 삶에 적용했을까? 하루 중에, 일과 중에 언제 시간을 내어서 책을 보았을까?

독서고수 '동우' 선비가 이야기한 '독서삼여'에서 실마리를 찾아보자. 학식 깊은 분은 언제 독서를 했을까? 讀書三餘(독서삼여)란: 책(冊)을 읽기에 적당(適當)한 세 가지 한가(閑暇)한 때를 말한다. 겨울, 밤, 비가 올 때를 이른다. 독서하기 좋은 세 가지 상황, 한가할 때가 겨울과 밤, 비가 올 때를 일컫는 말이다. 첫 번째 겨울에, 두 번째는 식사 이후 밤에, 세 번째는 비가 올 때이다. 동우라는 학자가 말한 시기는 농업국가였던 시기다. 그때는 맞는 이야기다. 논농사와 밭농사 중심의 시절이었기에 겨울과 밤에 시간이 많았다. 하지만 지금은 많이 변했다. 현대판 '독서삼여'가 필요하다. 첫 번째 5일제 근무가 보편화되었기에 금 · 토 · 일에 읽으면 된다. 두 번째는 농업국가였으므로 비수기가 겨울이었지만 현대사회에는 자신의 본업이 힘들 때를 겨울로 보자. 세 번째는 밤은 너무 약속도 많고 바쁘다. 한가한 시간은 밤이 아니고 새벽이다.

2025년 책을 언제 읽어야 할까? 일이 안 되고 힘든 슬럼프 시기인가? 그렇다면 좋은 타이밍이다. 주 5일 일을 마친 이후 시간을 활용한다. 밤이 아닌 새벽 또는 아침을 활용한다. 밤새 푹 자고 일어난 새벽에 책을 보자.

당연히 처음에는 힘들다. 시간이 지나면서 새벽에 일어나는 컨디션이 좋아지면 책을 보기가 용이해진다. 코어리딩 방식을 사용하게 되면 책에서 짧은 시간 안에 장뇌삼, 인삼, 산삼을 캘 수 있다.

'탈Book'방은 책 읽기 좋은 3번째 환경, 새벽을 적극적으로 활용한다. 책삼은 머리가 맑고 피로가 풀린 상태에서 발견할 가능성이 높다. 그리고 매일 꾸준히 일정 시간 책을 보는 것이 중요하다.

가끔 가는 심마니에게 산은 산삼을 허락하는 경우는 드물다. 비슷한 이치다. 매일 새벽에 책이라는 산을 적극적으로 입산하게 되면 어느 날 불현듯 자신이 처한 고민과 문제를 해결할 단초를 만난다.

그것이 도라지라고 생각했는데 현장에 적용해 보니 아웃풋이 놀라움 그 자체였다. 메가톤급 성과로 돌아오는 것을 알게 된다. 주 1회 자기계발을 하면 연 52회 가능하지만, 매일 하게 되면 365회 가능해진다. 7년간 자기계발 시간을 1년 만에 해내는 것이다. 밀도가 크게 높아진다. 밀도만큼 책에서 가능성이 큰 해결 솔루션(책삼)을 만날 가능성이 크다. '책삼'은 요리로 비유하면 '황금레시피'다. 새벽 30분을 이용해서 당신만의 책삼(문제해결 레시피)을 발견해 보지 않겠는가?

자신만의 '북드론' 부대를 만들자 (저자의 지식, 빠르게 내 것으로 만들기)

저자의 머릿속에 엄청난 지혜 매장량이 숨겨져 있다. 지혜 금맥 중 일부가 발견되어 지도로 제작된 것이 책이다. 출간한 책을 통해, 간접적으로 걸어온 길을 들여다본다. 저자의 지식이 내 머릿속까지 들어오는 길은 생각보다 멀다. 객관적 길이는 책과 내 두뇌 사이 30~45cm이지만, 저자의 지식이 나에게 와서 습득되는 시간과 길이는 존재한다. 마라톤의 시간만큼 소요될 수도 있고, 일주일 만에 될 수도 있다. 내게로 와서 체득되는 것은 42.195km 정도 되는 거리가 될 수 있다. 즉 아는 것(Knowing)과 행하는 것(Doing) 사이의 갭이 존재한다. 이 차이(Gab)는 간절함이 결정한다. 간절함이 강할수록 책 속에 지식과 내 삶과의 간격은 좁아진다. 저자의 지식을 어떻게 당신의 지식으로 빠르게 습득할 수 있을까?

질문에 대해서 오랜 기간 고민하고, 많은 가설을 세웠다. 하지만 이야기했던 가설 중에 맞는 때도 있지만 틀린 경우가 더 많았다. 저자의 핵심 지식 1%를 1주일 안에 흡수하여 적용만 할 수 있다면 얼마나 좋을까? 현실에서 책을 읽고, 더 나은 모습으로 성장하신 분들의 수는 적다.

그 적용을 하는 분들은 적었다. 저자의 지식에 대한 적용을 하나라도 했으면 하는 마음에서 원 북 원 메시지 원 액션(OBOA=One Book One-Action)까지 제안했다. 하나의 책에서 하나의 메시지를 선정해서 하나의 실행을 하라는 의미를 뜻하는 말이 원 북 원 메세지 원 액션이다.

1주일 한번 적용으로 어떤 성과를 내는 것은 현실적으로 어렵다. 주 1회 식사로 일주일을 살아가는 것과 비슷하다. 적어도 하루 1끼는 먹어야만 생명 활동이 가능하다. 독서도 하루에 단 15~30분 읽고 적용하는 정신적 식사가 필요하다. 생존신고와 오.여.기 미션을 통해서 그것들을 하는 방법을 소개했다. 두 가지를 실행하면 저자 생각을 내 삶에 접목할 수 있다. 그렇다면 북[Book]드론은 무엇일까? 북'Book-드론'을 알기 전에 먼저 드론부터 알고 시작하자.

드론은 누가 개발했고 어떻게 발전해 왔을까? 드론이라는 이름의 기원은 수벌을 의미하는 드론(Drone)에서 유래한다. 프로펠러가 돌아가는 소리가 마치 벌이 날갯짓을 하는 소리와 흡사하다고 하여 붙여진 이름이다. 우크라이나와 러시아전쟁으로 인해 그 어느 때보다 주목을 받는 것이 드론이다. 드론이 전쟁의 승패를 결정하는 '게임체인저'라고 이야기하는 군사전문가들도 많다. 가성비가 짱인 무기가 되고 있다. 아군 입장에서 인명피해 없고, 적은 비용으로 10배, 100배 가치가 있는 적군의 전략적 무기를 파괴한다.

드론 미래 활용 분야 정리표

분야	드론 활용 목적	복합 적용 기술
긴급서비스	미아 실종 수색 / 자연재해 인명구조 산불감지 / 밀렵예방 / 동물구조 / 곤충살상 문제 감시 (교통사고)	AES 응급키트 운송 열센서 / 적외선 센서 소방 드론
조기경보	지진 해일 예측 / 산불 방지 허리케인 토네이도 우박 눈사태 홍수 경보	적외선 센서 방수 방습 방진 / 연료전지
경찰	가정폭력 아동학대 순찰 발목팔찌 교체 추적드론 (약물 냄새) 실시간 법정 (벌금발부)	약물 온도 냄새 추적 실시간 촬영 판결 판결문 전달
군대스파이	미사일 발사 / 폭탄투여 (살상) 위장 / 통신교란 / 전장의료공급 스파이 열추적 / 태양광 와이파이	고고도 사진촬영 / 통신교란 부상자 응급약품 장비 제공
우편물류배달	우편 의료처방 식료품 배달 / 반송 자동화 예측 배달 농장 목장 직구 연회 파티 드론	드론 스테이션 운영 냉장고 및 선반 연계 자동 주문 배달 시스템 신선한 과일 채소 유제품 직배송 드론 서빙
교통여행	통근 택시 긴급구조 운송 관광 야간 여행	비행 자동차 대체 자동비행

이 얼마나 가성비가 좋은 무기인가? 우·러 전쟁 때문에 드론의 역사가 근래 10년 정도라고 생각하지만 실상 그 역사는 오래전부터 나왔다. 1차 세계대전에서 처음 만들어지기 시작했다. 역사가 100년이 되어간다. 그 이후 오랜 시간 업그레이드되면서 군사 분야에서 사용된 드론이 민간영역의 다양한 분야에서도 사용되고 있다.

이 표들 속 드론의 용도를 보면 놀랍지 않은가? 북[Book]드론을 설명하기 위해서 드론을 공부해 보니 생각보다 드론은 생활 깊숙이 들어와 있다. 생각 이상으로 퍼져 있다. 범위가 다양하게 사용되고 있다.

군사위성, 군사 관련해서 사용되던 기술이 민간에 접목되어 우리의 삶을 획기적으로 변화시킨 경우가 많다. 미래학자 토마스 프레이는 드론에 대하여 세상을 바꾸는 핵심기술로 조사를 많이 해두었다. 드론이 얼마나 많은 나비효과를 일으키는지 여러분들도 알게 되었다.

그럼 이 드론에 나는 '북+드론=북드론' 개념을 차용했다. '북드론[Book-Drone]'은 핵심 인사이트 지식을 자신만의 언어로 매일 정리하는 것이다. 손으로 가지고 다니는 아날로그 방식이다. 이유는 드론도 결국 상상의 나는 비행물체가 아니라 실질적으로 눈앞에서 움직인다. 언제든 원하는 곳에 사용할 수 있다는 것이 특징이다.

학교 다닐 때 링이 달린 독서 카드를 사용해 본 적이 있다. 물론 웹하드나 첨단 아이패드와 컴퓨터로 하면 되지만 이것들은 왜 북드론[Book-Drone]이 되지 못할까? 여러분이 작성한 수많은 자료는 처음에는 보지만 시간이 지날수록 보지 않는다. 직장에서 만든 수많은 자료를 폴더와 웹하드, USB에 넣어도 잘 보지 않는다. 그저 저장만 할 뿐이다. 아날로그 방식으로 매일 자신이 읽은 부분을 자신만의 정신으로 정리하면 된다.

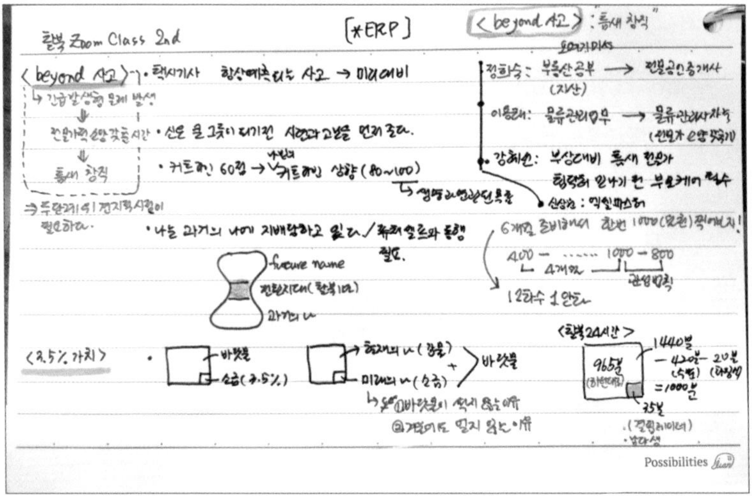
Zoom Class 2nd
[*ERP]
<beyond 사고>
Possibilities

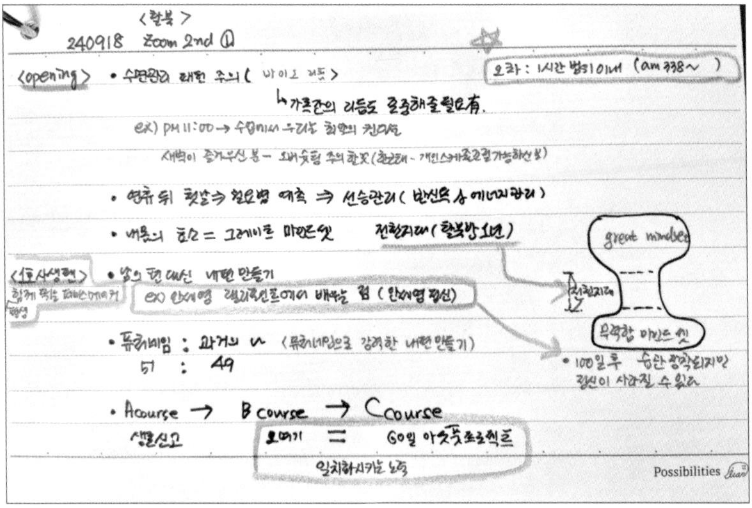
240918 Zoom 2nd
<opening>
A course → B course → C course
Possibilities

주의할 점은 하루에 한 장 또는 두 장 정도 기록하는 것이 핵심이다. 자신만의 언어로 저자가 소개하는 개념이나 이론, 적용시사점을 적으면 된다. 이것은 각자 방식대로 적어도 상관없다.

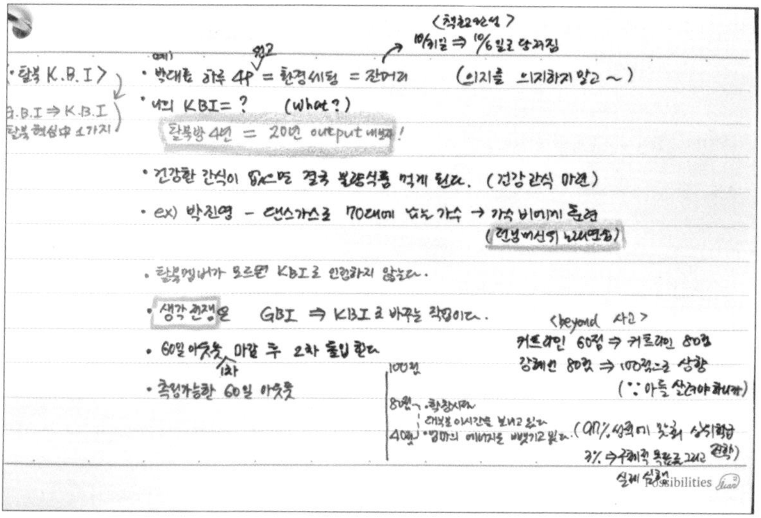

탈북방 줌수업에서 했던 내용을 수강생 한 분이 정리한 북드론 카드다. 이렇게 하루에 한 장에서 두 장으로 제한한다. 독서카드 양이 많아지면 압축을 하는 것이 핵심이다. 기존 독서카드는 버리지 않고 집에 보관한다. 100장이 되면 10장으로 요약한다. 또다시 100장을 작성하면 또다시 10장으로 압축한다. 자신의 지식광산을 만드는 작업이다.

이런 방식으로 500장을 작성하게 되면 결국 한 번에 가지고 다니는 50장 북드론이 완성된다. 이것은 제법 시간이 걸린다. 하지만 세팅이 되면 언제 어디든 나와 함께 다니면서 위력을 발휘한다. 500장의 데이터가 50장 정보로 만들어진다.

저자 생각군단과 나의 생각군단이 한 몸이 되는 것이 북드론이다. 자신의 글씨로 작성된 북드론은 뇌에 각인 효과가 크다. 일반 책과 달리 자신이 힘주어 작성한 글로 자신의 땀과 정성이 들어가 있다. 북드론[Book–Drone]의 대원칙은 시간이 지나도 휴대량은 독서카드 50장 이내로 제한한다는 점이다. 그래야만 시간이 지날수록 압축이 되고 더 구조화가 된다. 처음에는 글씨로 50장 요약이었는데, 시간이 흐르면서 도표와 개념이 정리되어 자신만의 매뉴얼이 만들어진다. 지속해서 적은 공간에 압축이 되면서 생각이 구조화된다. 쌀 한 톨에 30자 이상의 글씨를 쓰는 분들도 있다. 그들이 보기에 양면 독서카드 양으로 50장이면 엄청난 공간이 된다. 절대로 서브 독서카드는 늘어나도 상관없다. 하지만 들고 다니는 메인 독서카드 '북드론'은 50장이 마지노선이다.

더 적고 싶다면 기존에 작성된 50장을 줄여서 공간을 만들어야 한다. 폐기 압축하지 못하는 지식은 죽은 지식이다. 죽을 때까지 50장은 그대로다. 다만 여러분들이 지속적으로 컴퓨터 폴더를 정리하면 된다. 즉 우리 컴퓨터 휴지통에 넣는 것처럼 하면 된다.

북[Book]드론 용량이 양면 50장이 한계다. 그것만 지키면 북드론 역할을 하는 것은 문제가 없다. 50장을 넘겨서 80장, 100장이 되는 순간 무거워져 날다가 추락한다. 귀하고 귀할 때 북드론을 소중히 여기면서 버전관리가 된다. 이점을 절대로 잊으면 안 된다. 북드론에 공을 들이고 차근차근 준비하면 할수록 개념은 정교하고 강력해진다. 여러분들도 이 북드론이 완성되면 해당 분야의 전문가가 될 뿐 아니라 덤으로 책을 출판할 때 큰 도움을 받게 된다. 문제해결을 잘하는 진정한 전문가 말이다.

03

이젠 K-독서다

한류 붐을 객관적으로 다루고 싶어서 한국국제문화교류진흥원 사이트를 접속했다. 연례보고서나 한류 백서를 클릭하게 되면 정말 좋은 자료들이 많다. 그중 2024년 04월 30일자 한류 생태계와 지속 가능성이라는 최종 정리된 파일을 열었다. 그 자료 중 일부를 발췌했다.

"한류 이후 문체부, 외교부, 교육부가 많은 자원과 노력을 쏟는 문화 관련 정책은 주로 '국제', '해외'를 목표로 한 '아웃바운드(outbound)' 중심의 논의와 진흥이었다. 21세기 버전의 한류가 흥미로운 현상이고 2022년 말 기준 실질적인 콘텐츠산업 수출액이 약 17조 3,801억 원으로 이미 전지나 전기차와 같은 주요 품목

수출액을 뛰어넘었기에 정부가 한류의 '아웃바운드' 측면에 주목하는 것은 어찌 보면 당연하다."

한류 직접적 콘텐츠산업 수출액이 약 17조 3,801억 원으로 집계된 내용이 소개된다. 수출에 도움되는 의미 있는 결과다. 한류 열풍은 점점 타다가 식어갈 형태로 인식하는 분들도 많다. 필자 또한 그 생각이 지배적이었다. 그래서 한국국제문화교류진흥원에 소개된 객관적 자료를 읽어볼 필요성을 느꼈다. 같은 내용에서 찾아낸 내용이다. 나는 이런 한류 열풍이 한계에 직면했다고 생각한 사람이기에 전문가들은 어떻게 생각하는지 알아볼 필요성을 느꼈다.

"지난 20여 년간 문화연구, 대중문화, 방송학 등 미디어분야 학자들이 한류 연구를 주도하면서 한류의 확산과 진화 과정, 각국에서의 수용 양상, 영화와 드라마 등 대중문화 콘텐츠에 대한 분석이 전방위적으로 이루어졌다. 한국국제문화교류진흥원을 비롯해 한국국제교류재단, 한국학중앙연구원, 대학의 한류연구센터와 언론문화 관련 학회를 중심으로 미디어 생태계에 대한 진단, 정부 정책 관련 제언, 지속가능성에 대한 논의도 꾸준히 이루어졌다. 드라마, 음악, 영화 같은 대중문화 분야에서만 반짝하다 사라질 것 같던 첫 단계의 한류가 모바일 중심의 게임과 웹툰, 패션, 미용, 음식, 관광과 같은 취향 중심의 소비문화로 그 저변이 확장되더니 이제는 한국의 언어, 문학, 미술, 건축, 공연예술, 교육,

정책, 풍속과 라이프스타일로 심화하고 있다."

드라마, 음악, 영화는 첫 단계 한류 열풍 주자였다. 반짝 사라질 것 같았던 한류가 다시 게임, 웹툰, 패션, 미용, 음식, 관광 두 번째 단계로 연결되었다. 이제는 확장이 되어 언어, 문학, 미술, 건축, 공연예술, 교육, 정책 등 좀 더 높고 깊은 라이프스타일로 확산되고 있다는 내용이다. 여기에 언어와 문학은 소개되었지만 좀더 세부적인 한국 책이 천만 부 이상 베스트셀러로 해외에서 판매되었다는 뉴스를 본 적은 거의 없다. 즉 한류(K-독서)는 아직 본격적인 시작이 되지 않고 있다. 한류 열풍에 해당하지 않는다. 아마 우리 언어가 영어였다면 독서도 이미 그 열풍에 한 주축이 되었을 것으로 생각한다. 한류 문화 열풍으로 다른 나라에서 한류를 아주 싫어하는 사람들도 많다.

그림 1 케이팝 안티 팬들을 대상으로 판매되고 있는 티셔츠(좌)와 안티 팬덤 이미지(우)

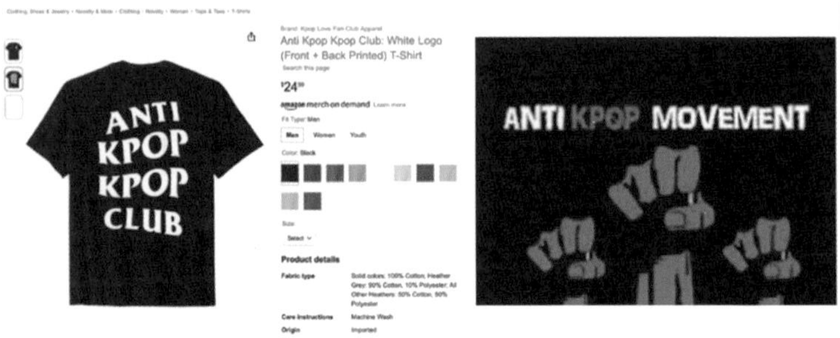

* 출처 : 아마존, 쿼라

노골적으로 K팝과 한류를 싫어하는 운동이 일어나고 있다는 점도 우리가 놓치지 말아야 하는 부분이다. 양면성이 공존한다. 해외 자녀들이 본업 공부는 소홀히 하면서 맹목적으로 한류에 빠지기에 그럴 만도 하다. 즉 한류가 그 나라 문화와 상호작용하면서 함께 윈-윈(Win-Win)의 모델이 필요한 시점이다.

5000년 역사를 다루는 역사학자들의 공통점은 역사상 패권주의를 이룩한 나라는 로마와 미국뿐이라고 이야기한다. 왜 몽골이 아닐까? 로마보다 더 넓은 영토는 몽골제국이 이루었다. 그런데 왜 몽골이 아닌 로마일까? 국수주의와 자신만의 문화와 행정을 강요했던 나라들의 수명은 300년 아닌 100년도 어려웠다. 그럼에도 불구하고 로마는 천년을 이어갔고, 망한 이후에도 유럽과 많은 나라에 영향을 미쳤다. 그리고 현대에 와서 진정한 패권국가는 미국뿐이라고 한다. 왜 중국은 아닐까? 미국 못지않게 영향력이 커진 것이 중국인데 말이다.

몽골과 중국은 패권국가가 아니고 왜 로마와 미국일까?

그것은 한 단어로 이야기하면 '관용'이다. 두 나라는 기회의 나라였다. 이민과 다른 나라 문화를 존중했다. 그렇기에 우수한 인력들이 두 나라에 가게 되어 부국강병의 중요한 시금석이 된 것이다. 그런데 이제 미국은 패권국가에서 내려올지 모른다고 이야기하는 한 여성이 있다. 〈제국의 미래〉를 쓴 예일대 교수 '에이미 추아 교수'는 미국은 더 이상 패권국가가 아닐 수 있다고 지적한다. 에이미 교수는 오늘날 미국의 쇠퇴 원인을 관용의 상실에서 찾는다. 이민자의 나라로 성장한 미국은 이민자 문제, 환경 문제, 중동 정책 등에서 강력한 불관용 정책을 펼치면서 세계인들로부터 외면당하고 있다고 말한다.

저자는 오만한 미국은 더 이상 제국의 지위를 유지할 수 없다고 일갈한다. 그리고 미국이 초강대국의 지위를 유지하는 유일한 방법은 초강대국의 지위를 유지하려는 노력을 중단해야 한다고 역설한다. 초강대국 지위를 내려놓고 함께 다른 나라들과 성장하려고 하는 그 기본(베이직) 관용 정신을 회복하지 않는다면 결국 역사적 데이터값으로 볼 때 미국은 망한다는 것이다.

〈제국의 미래〉 책을 통해 역사적 빅데이터를 만나게 된다. 즉 한국만의 배타적 문화로 가는 K 한류 열풍은 곧 사그라들 것이다. 그렇기에 우린 로마와 미국에서 문화영토를 오랜 기간 가져가기 위한 교훈을 얻어야 한다.

K-독서도 한류열풍의 주역이 될 수 있을까?

K(한류)문화에서 중요한 모델을 역사적 교훈을 통해서 알게 됐다. 관용 키워드는 한류 성공포인트에 중요한 요소라고 생각한다. 우리 스스로 한류라는 단어를 빼고, 세상 사람들이 자연스럽게 K문화를 받아들일 수 있게 하는 것이 중요하다.

이제 어느 정도 한류 이야기를 언급했다면 제가 이야기할 K-독서모델로 화두를 전환해 보자.

요즘 웹툰을 원작으로 하는 영화들이 많이 나온다. K-웹툰에서 많은 드라마와 영화들이 나오고 있다. 웹툰도 결국 독서 안의 한 카테고리에 해당한다. 그렇다면 웹툰 작가들은 상상력에 의해서 글들을 쓰고 그림을 그렸을까? 결국 만나는 사람들을 통해서 영감을 얻기도 하지만, 글을 읽고 생각하는 과정에서 영화시나리오 소재와 줄거리를 발견한다. 독서로 생각하는 힘을 갖게 된다.

현재 문학 소설, 한국 고전, 한국 자기계발 책들이 외국에서 붐을 일으키지 못하는 것은 번역방식이 한국 입장에서 진행되기 때문이라 생각한다. 한국문화를 잘 이해한 번역자가 내국인들이 가장 이해할 수 있도록 번역하는, 제2의 저자를 육성하지 못 하고 있다. 외국인들 입장에서 글을 몰라도 영상 자체로 전달하는 메시지가 있다. 글자는 정말 누가 설명해 주지 않으면 0.1%도 이해할 수 없다. 이런 요인으로 K-독서가 다른 영역에 비해 확산이 늦은 이유 중 하나라고 생각한다. K-독서 붐을 일으키고 싶다면, 한국출판문화진흥원과 문체부를 비롯하여 정부관계기관 분들의 정책이 절실하다.

번역 저자를 1천 명 육성한다면 한류는 더욱 오래 지속될 것이다. 육성한 제2저자들에게 충분한 보상을 열어 주어야 한다. 노력이 축적되면 5천 년 동안 집필된 많은 책이 다시 생명을 얻게 되어, 세계인들 책장으로 들어가는 모습을 목격하게 된다. 우리 책 중에 그런 책들이 있다. 대표적인 것이 징비록이다.

징비록이 조선이 아닌 일본인에 의해 몰래 반출되어 번역되었다. 일본에서 가장 많이 읽힌 조선 책 중의 하나가 징비록이다. 조선인이 아닌 일본인에 의해서 번역이 되었다. 징비록 교훈에서 K 독서모델의 효용성을 유추할 수 있다.

일본인은 임진왜란에서 왜 본인들이 조선을 정복하지 못했을까에 대한 답을 얻고자 조선 '영의정 류성룡'이 쓴 비밀 서류를 보고 싶어 했다. 압도적 전력을 가지고 조선을 정복하지 못했을까? 한 나라의 재상을 통해 알고 싶다는 마음이 강력했다. 재침공에서 다시는 그런 실수를 반복하지 않기 위한 그들만의 속내일 수 있다. 결국 1910년 너무 쉽게 나라를 빼앗긴 이유에 한몫한 것이 징비록을 통한 전략의 유출이 아닐까 생각해 본다. 영토 침략전쟁 대신 경제전쟁으로 포문을 열고, 야금야금 전술로 침탈하자는 전술 배경이 아닐까? 혼자서 생각해 본다.

나만의 억측, 나만의 짧은 생각일 수 있다. 하지만 임진왜란과 대비해서 너무 쉽게 빼앗긴 이유는 무엇일까? 그들이 생각하는 여러 요인 중 반드시 한 인물로 인한 패전이 두고두고 아쉬웠다. 적장에 대한 두려움, 적장에 대한 존경으로 그들은 한국보다 더 이순신 흠모열풍을 주도한다.

이종각 저자가 쓴 〈일본인과 이순신〉 책을 보면 더 자세히 알 수 있다. 그 책 내용을 요약해 보면 메이지 시대, 영국 해군을 모델로 일본 육해군이 창설되는 과정부터 그들이 어떻게 이순신에 대해 알고 연구했는지의 행보를 차근차근 따른다. 그 행보에는 일본 역사소설가 시바 료타로의 표현으로 전달되는 메이지 해군 장교들의 이순신 외경(공경하며 두려워하는) 현상, 러일전쟁 당시 이순신 혼령에 빈 가와다 이사오 소위, 충렬사를 참배한 진해 주둔 일본군 등 다양한 예는 책으로 접하는 이순신 장군에 대한 미담들이다.

일본인들에게 이렇게 매료된 이순신 장군이라면 다른 나라에도 그와 같은 영향을 주지 않을까? 그렇다면 더욱 K-독서 및 작업이 더 필요하다.

K-독서 책이 나가게 되면 나폴레옹 책보다 이순신 장군의 책을 더 많은 사람이 보게 될지도 모른다. 이순신 장군 말고도 지적 장군 대표격인 다산 정약용 선생도 있다. 레오나르도 다빈치 못지않게 다산 정약용을 연구하는 분들도 나올 것이다. 작은 나라가 1,000번의 외침 속에서 지금까지 살아남은 비결을 궁금해하는 해외석학들이 많다. 궁금증을 우리가 풀어주자. 지속적인 한류의 뿌리는 보편성 있는 역사를 통해 전달될 필요가 있다.

한국명저 100권을 선정해서 가장 영향력 있는 5개 언어로 책을 집필하자. 여기에 한 가지 더 추가하자. 한국 책을 자신의 언어로 번역해서, 베스트셀러 책을 낸 저자를 특별대우해 줄 필요가 있다. 이 프로젝트가 진행된다면 글로벌 지식인들은 한국을 문화동경지로 여길 가능성이 크다. 대표적인 사례가 두 가지가 있다. 하나는 로마의 영향력이고 다른 하나는 한강이 쏘아올린 노벨문학상의 상징적 가치를 알게 되면 된다.

유럽문화의 고향은 그리스인데 실제로 문화는 로마에서 꽃피웠다. 어떻게 이런 일이 가능했을까? 그리스 고전을 로마 리더들이 엄청난 돈을 들여 번역했다. 번역된 그리스 고전을 읽기 위해서는 로마어를 공부해야 했다. 결국 로마에 의해서 편집된 그리스문화가 세상에 퍼지게 된다. 로마를 통해 배워야 한다.

한국도 문화강국을 넘어 문화 초강대국이 되려면 5000년 동안 숨겨놓았던 책들을 세상에 내놓아야 한다. 개인적 바람은 전 세계 아이들이 좋아하는 책 10권 중 3권이 한국 책이 되는 그날을 꿈꾸어 본다. 한류가 더 오래 가고 싶다면 K-독서콘텐츠를 늘리는 것, 즉 좋은 책 100권을 번역해야 한다는 것에 힘을 주고 싶다.

K-독서로 번역된 책은 마르지 않는 컨텐츠 유전과 같다. 작년 10월에 한국 문학계에 엄청난 일이 생겼다. 모두가 알고 있는 '한강' 작가의 노벨문학상 수상이다. 한강 작가의 30년 노력이 결정적이었다. 여기에 한 사람이 있다. 채식주의자 책을 함께 번역한 영국의 번역가 데버라 스미스도 크게 한 역할을 했다. 한강의 정신을 비한국어권 독자에게 잘 전달한 그녀의 공이 있었기에 한강의 작품은 과거의 작품도 앞으로 나올 작품에도 많은 기회를 제공했다. 멋진 한국의 작품들이 번역이 많이 되면 될수록, 우리의 문화는 특수적 문화에서 보편적 문화로 바뀌게 되는 엄청난 일이 생길 수 있게 된다.

글로벌 사람들과 독서토론이 가능할까?

전국에 독서모임이 많이 생기고, 다채로운 방식으로 운영되고 있다. 지금으로부터 15년 전 2009년도에는 독서모임이 많지 않았다. 우연한 계기로 2009년 7월 독서모임인 양재나비 모임을 시작하게 되었다. 나비는 '나로부터 비롯되는 리더들의 책읽기 모임'을 의미한다.

한곳에서 시작된 모임은 2017년 6월 나오기 전까지 전국에 비공식적으로 500개 전후가 되었다. 어떤 일들이 있었기에 독서모임이 전국적으로 퍼지게 되었을까? 아마 코로나 사건이 없었다면 나비라는 독서모임은 천 개 이상으로 커졌을지도 모른다. 전 직장을 나와서 독서모임 북팟(Book-Pat)을 만들었고, 조금씩 자리를 잡을 때쯤 한국을 비롯해 세상을 올스톱시키는 엄청난 일이 2020년 2월 터졌다.

바로 코로나 사태다. 코로나 사건으로 인해 교회, 헬스장, 영업장, 항공업, 숙박업, 교육업 이외 많은 곳에 엄청난 후폭풍을 가져왔다. 당연히 독서모임도 그 파도를 피할 수 없었다. 대면접촉금지의 강력한 행정조치는 독서모임에도 똑같이 적용되었다.

다행히 신은 '늘 모든 문을 잠그지 않는다'라는 말이 있다. 오프라인 대신 온라인으로 대체되기 시작했다. 온라인 줌이 사람들 사이에서 입소문이 나기 시작했다. 외부에 나가지 않고 화면을 보면서 양방향 이야기를 하는 온라인 툴 '줌(ZOOM)'이 날개 펼치듯 확산되기 시작했다.

'줌+독서모임 북팟'을 결합하여 독서모임을 진행하기 시작했다. 줌을 통한 독서토론은, 초기에는 어수선했다. 오프라인이 독서토론에 최고라고 생각했지만, 온라인 독서토론은 예기치 않은 또 다른 이점이 있었다. 가장 큰 이점은 토론하는 사람의 지역과 거리 제한이 사라졌다는 점이다. 외국뿐 아니라 제주도와 원거리 사람들 모두 가능했다. 참여 인원 다양성으로 책을 읽고 토론하는 과정의 질이 바뀌었다. 일명 비빔밥 생각나눔이 펼쳐졌다. 줌 북팟에서 토론뿐 아니라 다양한 일이 가능해졌다. 재능기부 형태로 강의와 건강체조, 작명수업, 난초수업, 운동도 진행이 됐다.

옛날 시골장터와 현대식 교육시스템이 결합한 분위기다. 한마디로 말하면 프랑스식 줌 살롱 분위기다. 코로나의 아픔이 없었다면 오프라인만 가능하다는 고정관념에서 빠져나올 수 없었다. 위기와 함께 오는 기회의 문을 놓치지 말아야 한다. 한국인이기에 글로벌 사람들과 이야기 나누기가 쉽지 않다. 한국어를 외국인들이 배우지 않는다면 그 길은 요원할 수 있다. 하지만 점점 인공지능, 슈퍼컴퓨터에 이어서 양자컴퓨터가 나오고 있고 더 수준이 높은 혁신 기술로 인해 언젠가 가능해질 것으로 본다.

향후 10년 안에 실시간 모든 언어를 깊은 주제로 이야기할 가능성이 크다고 생각한다. 이미 삼성 휴대폰은 16개 언어로 이야기를 주고받을 수 있는 서비스를 진행 중이다. 현재 삼성 AI 통역 기능은 1. 영어 2. 한국어 3. 스페인어 4. 프랑스어 5. 독일어 6. 이탈리아어

7. 포르투갈어 8. 폴란드어 9. 러시아어 10. 중국어 11. 일본어 12. 태국어 13. 아랍어 14. 힌두어 15. 베트남어 16. 인도네시아어까지 16개 언어를 지원한다. 해당 언어 중 중국어, 베트남어 등은 상당히 까다로운 언어라고 한다. 심지어 지역마다 미세한 차이로 다른 뜻의 단어들이 많기 때문이다. 삼성전자는 애플 스마트폰과의 차별성을 위해 통번역 기능 역량 강화에 집중해왔다. 이런 기술이 축적되면서 전 세계 다인종 다문화 사람들이 같은 책을 읽고 토론이 가능한 날이 앞당겨질 것으로 예측된다.

그때가 올 것인데 누가 더 쉽고, 편하게 이야기할 토론시스템을 갖추고 있느냐가 중요하다고 본다. 그런 날이 오기 전에 온라인 툴을 이용한 다양한 독서모임을 만들 필요가 있다. 와인독서모임, 애견독서모임, 드론독서모임, 자전거독서모임, 식스팩독서모임, 외식자독서모임, 판소리독서모임, AI플랫폼독서모임, 연애독서모임, 맛집독서모임, 연극독서모임, 연예인준비독서모임, 아이돌준비독서모임 등등 정말 웬만한 독서모임을 다양하게 추진해 볼 필요가 있다. 기술이 구현되면서 온라인 기반이 가상 체험기술과 결합하면 현장에서 독서토론하는 느낌이 점점 늘어난다고 생각한다. 그런 물꼬가 열리기 전에 미리미리 준비하자.

언어의 장벽이 무너진 날 강력한 위기가 온다. 한국 사람뿐 아니라 다른 나라 사람들에게 한국 시장이 열리게 된다. 반대로 우리 모두 다른 나라에서 일할 수 있게 된다. 언어의 장벽이 무너진다면 결국 판도라의 상자가 열린다고 볼 수 있다. 성경을 보면 대표적인 사건이 바벨탑 사건이다. 그때는 한 언어를 다양한 언어로 바뀐 사건이라면, 이제는 다양한 언어가 한 시스템을 통해 이야기하는 신바벨탑 사건이 일어날 상황에 직면하고 있다. 바벨탑을 세워 신의 영역에 도전할 때 신은 강하게 책임을 물었고 벌로 수많은 언어로 나누었다는 이야기가 있다. 언어의 장벽이 무너지고 나면 생각이 깊은 사람만이 더 유리한 상황을 취할 수 있게 된다. 위기이자 기회는 어떻게 나뉘는가? 미리미리 준비하는 사람에게 기회를 준다. 자신만의 생각과 관점을 가지고 있다면 독서토론 인싸!가 된다. 독서 인싸! 주인공은 여러분들 자신임을 잊지 말자.

제2의 바벨탑 사건으로 신인류가 출현한다

시스템의 도움으로 언어장벽이 사라질 때 신인류가 출현한다. 뉴호모사피엔스(신인류) 조건은 판을 보는 능력, 가설사고를 통해 문제해결력 높은 사람, 다양한 문화 코드를 이해하는 사람들이 된다. 그럼 신인류는 20대들이 유리할 것처럼 보일 수 있다. 40대 이후 분들에게 일부 불리하게 될 가능성은 크지만, 한편으로 다른 기회가 창출될 수 있다. 신체가 50대가 되더라도 '생각뇌'는 20~30권의 책을 통해 뇌를 젊게 만들 수 있다. 독서는 유일하게 젊은 친구들에 비해서 더 나은 아웃풋이 가능한 분야다. 미래 어느 시점에 사건이 왔다고 믿고, 준비하는 것이 중요하다. 생각뇌로 무장한 사람들은 국경의 벽을 쉽게 넘어서 새로운 부를 창출하는 세력으로 성장할 수 있다. AI로 촉발된 문명은 더욱 이런 분위기를 가속할 것으로 보인다.

이미 우리 주변에서 발생하고 있다. 베트남 쌀국수를 한국 사람이 아닌 베트남 분들이 와서 대박을 내고 있다. 어떻게 가능할까? 소프트웨어기술로 언어장벽을 사라지게 했다. 베트남 분들이 한국어를 숙달했을까? 아니다. 그들은 기본적인 한국말 몇 마디 하는 수준이다. 그런데 어떻게 가능할까? 키오스크 주문시스템이 한국어로 주문을 하게 되면, 주방에 있는 베트남 사람에게 베트남어로 자동으로 번역해서 식사 주문을 해준다. 자동으로 된다. 그렇기에 식당에 가는 한국 분들은 오리지널 베트남 쌀국수를 먹어서 좋고, 베트남 식당 종사자 분들은 언어장벽이 사라져서 한국 쌀국수 업종에 있는 분들과 자연스럽게 경쟁하고 있다.

부분적으로 바벨탑 사건이 일어나고 있다. 신바벨탑 사건은 음과 양을 갖고 있다. 자신이 잘하는 것을 구축한다면 블루오션 틈새를 가질 수 있다.

잘하는 강사인데 단지 언어가 한국어여서 한국무대만 가능했던 분이 있다. 언어장벽이 무너지면 어떻게 될까? 언어장벽이 사라진 다음은 본질적 가치만 남는다. 결국 콘텐츠 가치가 남다르면 글로벌에서 입증된다. 먹는 것, 보는 것, 입는 것을 넘어 언어적 특수성도 인정받게 된 상황에 놓인다. 언어장벽은 바로 일어나지 않지만 언젠가 그날을 위한 카운트가 시작되었다.

5천만 인구가 아닌 70억 인구 대상으로 영향력을 미치고 싶지 않은 기업이 있을까? 기업들은 인류 공헌보다 시장을 장악하고, 더 많은 돈을 벌고 싶은 니즈에 충실할 뿐이다. 제2의 바벨탑 사건은 익숙한 삼성에 의해서 만들어질 가능성이 크다. 16개 언어서비스가 되고, 수많은 빅데이터가 형성되고 있다. 플랫폼이 형성된다고 가정하고, 우린 준비해야 하지 않을까?

이런 상상을 해본다. 김미경 강사와 김창옥 교수 두 분이 언어장벽이 사라진 날 어떻게 될까? 글로벌 톱 영향을 미치는 자기계발 전문가로 대접을 받지 않을까? 지금은 축구 야구 스포츠중심의 글로벌 진출이라면 언어장벽이 사라지면 모든 영역에서 그런 일이 가능해진다. 이런 세상이 오면 좋은 면도 있지만, 더욱 준비되지 않은 사람에게 가혹한 형벌이 될 가능성이 있다. 신인류의 조건은 시작되었다. 우리가 원하든 원하지 않든! 그 길에 이왕이면 적극적으로 도전하자.

04

'탈Book' 나비효과

예측 불가능한 성장을 하는 사람들의 5가지 특징

왜 40-50년 전에 비해서 수많은 예보기술이 좋아졌는데도 불구하고 일기예보는 맞추기 힘들까? 온난화 이외 복합적인 문제로 예측이 더 어려워지고 있다.

해수면의 온도변화도 있지만, 남극과 북극의 형태가 변하고 있다. 50억 인구 시절보다 75억 인구가 되는 요즘 더 많은 환경이 파괴되고 있다. 전기사용량이 해가 지날수록 모든 나라에서 신기록을 달성 중이다. 일기예보 행위는 단순하게 볼 수 있으나 일기예보를 위한 판단은 복잡하다. 일기예보 정확도에 대한 불만이 정말 많다. 적어도 인공위성을 통해서 태풍의 진로를 어느 정도 맞추기에 인명과 재산을 많이 지킬 수 있었다.

시간이 지날수록 국지성 호우 국지성 변화 날씨는 더욱 많다. 일정한 기간에 일정한 비율로 비가 오는 강수량의 의미가 사라진 지 오래다. 하루 만에 일 년 치 평균강수량을 넘는 비가 오는 경우가 많아지고 있다. 그중 태풍이 강수량에 한몫을 차지한다. 태풍은 몬순트라프 지역에서 열대성저기압으로 출발한다. 적도 부근해역에서 발생한다. 태풍의 진로는 1. 태평양고기압 2. 티베트고기압 3. 오호츠크 고기압, 이들의 힘의 균형에 의해 진로가 결정된다. 4. 중국에서 넘어오는 편서풍 영향도 한몫을 한다. 이외 해수면의 온도 등 참 많은 변수가 태풍이 한국을 지날지, 일본으로 갈지, 중국으로 갈지 방향을 결정한다.

동해? 한반도 관통? 한·일 기상청의 엇갈린 제10호 태풍 진로 예보

2020.09.06 12:27

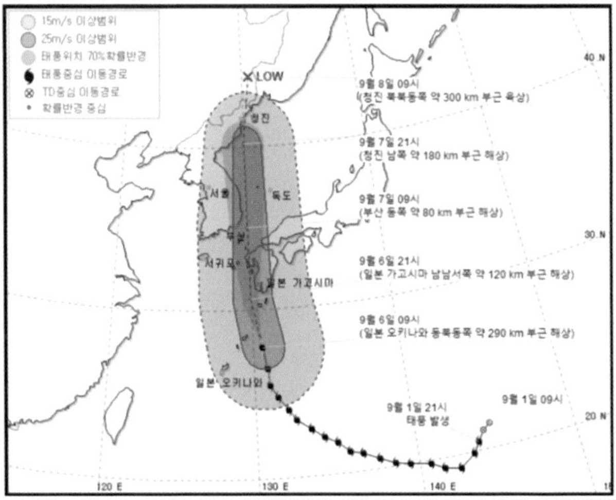

위 그림처럼 보라색 길쭉한 가지 모양처럼 생긴 것을 '예보원'이라고 한다. 예보원은 70%의 확률로 태풍의 중심이 들어가는 범위를 나타낸다. 주의할 점은 태풍의 크기 변화를 나타내지 않는다는 점이다. 태풍이 열대저기압이나 온대저기압으로 바뀌어도, 계속해서 호우나 강풍, 높은 파도 등의 격한 현상이 발생할 우려는 존재한다.

70% 확률로 저 보라색 안에서 태풍이 움직인다고 가정을 하지만 늘 일치하지 않는다. 하지만 예보원 안의 영역에서 운행하는 선박이나 비행기는 조심해야 할 필요성이 높다. 태풍이 파도와 강우와 바람에 엄청난 영향을 미친다는 것을 우리 모두 알고 있다.

예보원이 커지면 커질수록 일본기상청, 유럽기상청, 미국기상청, 중국기상청 각자 예상 진로가 완전 다르게 나올 가능성이 높다. 많은 예산과 전문가들이 투입되어도, 맞출 가능성이 희박해진다. 기상청과 예보관이 태풍 진로를 맞추는 어려움이 있듯이 독서 전문가들도 몇 권의 책이 당신의 삶을 드라마틱하게 변하게 할지 맞추기 어렵다는 것을 이야기하고자 '태풍 예보원' 개념을 가져왔다.

인생을 살면서 참 많은 영역에서 예기치 않은 문제가 발생한다. 발생한 문제를 적합하게 해결하는 방식은 사람들마다 천차만별이다. 예보원이 있듯이 '독서성장 예보원'이 있다면 얼마나 좋을까? 기상 분야와 달리 독서 분야에서 이런 빅데이터가 거의 없다. 대략 각자 개별로 어느 정도 읽어서 임계점에 도달했다는 자신만의 이야기가 많다. 만약 책을 읽고 변화된 2,000명 사람의 공통점을 찾아내면 확률이 조금 높아질 수 있다. 어떤 확률이 높을까? 공통점을 찾으면 독서 임계점으로 갈 확률을 높일 수 있다. 독서로 삶의 문제를 해결했던 사람들의 공통점을 5가지로 정리해 보고 싶다.

독서로 삶을 점프했던 사람들의 5가지 행동 특징

1. 책을 읽고, 자신의 문제에 직간접으로 적용했다.
2. 책을 읽다가 궁합이 맞는 저자를 만나면 저자의 전권 독서를 진행한다.
3. 저자의 책을 읽고 효과를 보면 강의 또는 코칭을 들어 업그레이드한다.
4. 일하다 막힐 때 자신이 참고할 씨앗도서 서재를 갖추고 있다.
5. 책을 읽다가 독서내공이 오르지 않는 슬럼프를 반드시 경험한다.

5가지를 지금 경험을 하고 있다면 그대는 독서성공 사이클 안에 있을 가능성이 높다. 언제 변할지, 몇 권을 읽어야 가능할지, 얼마나 적용을 해야 변할지 아는 것은 신의 영역에 가깝다. 대신 우리는 독서로 아웃풋 내기 전 선배들이 경험했던 독서 여정을 체크해 보자.

제가 말한 5가지 '독서성장 예보원' 증상은 독서하는 전문가마다 생각이 다를 수 있다. 그럼에도 불구하고 독서를 포기하지 않고 지속적으로 하게 되면, 책이 당신을 원하는 곳으로 데려다준다는 것을 알게 된다. 책을 읽기 전과 읽은 후가 변하지 않고 있다면, 아직 콩나물시루에 물주는 과정으로 생각하자. '독서성장 예보원' 개념을 소개한 이유는 일단 저 5개 항목을 경험해 보라고 말하고 싶다. 10권만에 나올 수도 있고 50권, 100권에 저 경험이 다 나올 수 있다. 분명 책을 통해 여러분의 인생 항해는 더욱 남다른 여행이 될 것으로 생각한다.

'탈Book' 프로젝트로 자신만의 미래 무대를 만들어라

무대는 연극을 하는 분들이 올라가는 장소로 생각할 수 있다. 무대 올리기 전 많은 준비가 필요하다. 여러 가지 일을 먼저 준비가 다 된 후 그것이 잘되었는지 그리고 어느 시점에 올리느냐이다. 인생은 늘 무대에 올라서 공연하는 순간보다 그 무대에 올라가기 전 준비에 많은 시간이 소요된다. 연극하는 분들만 무대가 있는 것이 아닌 우리도 무대가 있다. 자신이 되고 싶은 꿈의 무대는 오늘 현장을 통해 연결된다.

스스로 올리고 싶은 무대는 무엇인가? 지문이 모두 다르듯 올라가고 싶은 무대도 다르다. 다른 사람들의 생각과 입김에 의해서 수동적인 무대에 올랐다면 이젠 잠시 멈추고 생각하자.

1년 뒤 무대, 5년 뒤 무대, 10년 뒤 무대, 어떤 무대에 오르면 행복할까? 첫 번째로 해야 할 일은 자신에 대해 알아보는 시간이 필요하다. 희.로.애.락 워크숍을 통해 자신을 체크할 수 있다. 희로애락(喜怒哀樂)은 기쁨과 노여움과 슬픔과 즐거움을 아울러 이르는 말이다. 나이에 맞게 가장 기쁨이 있었던 시기를 막 적어보자. 취업 합격이라는 문자가 왔을 때일 수도 있고, 힘들게 아이가 생겼을 때도 있고, 3박 4일 지리산 종주 후 천왕봉을 올라 떠오르는 해를 보았을 때일 수도 있다. 즐거움이 가득했던 시기는 언제였는가? 절친들과 여행적금을 들어서 만기가 된 후 함께 떠났던 여행일 수도 있다. 월세, 전세를 살다가 내 집 마련할 때, 자신의 이름이 들어간 첫 책을 냈을 때일 수도 있다.

그럼 희.락만 생각하면 되는데 왜 로.애가 함께 있을까? 인생 무대에서 어찌 보면 로.애가 더 많고 희.락은 적다. 반드시 4가지 감정이 공존하기 때문이다. 애.락이 있기에 희.락의 가치가 드러나는 역설이 존재한다.

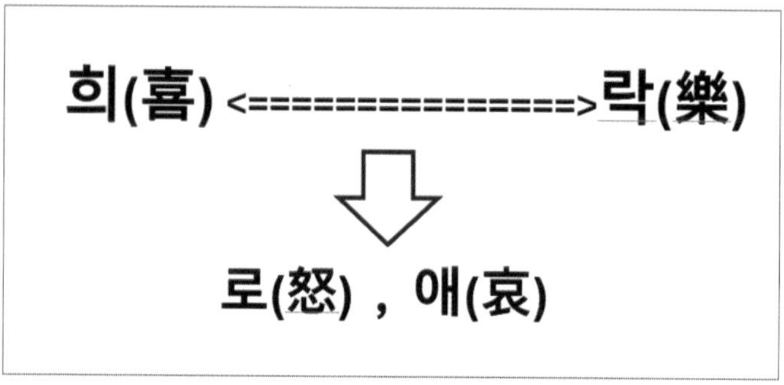

희.락 사이에 로.애가 있는 것은 우연이 아니다. 선조들의 지혜로움이 묻어난다. 동전의 앞면과 뒷면이 결합하여 화폐가치가 발생하듯 희.락과 로.애가 결합되어 인생가치를 드러낸다. '로.애'는 자신이 스스로 잘못해서 생기는 일도 있지만, 불가항력 사건으로 발생하는 일도 있다. 그런 엄청난 파도가 일어날 때 그 마음속 반응은 각자 선택의 몫이다. 사건으로 영원히 동굴로 들어가는 사람도 있고, 반대로 아픔과 슬픔을 이겨내고, 슬픈 동굴을 희망이 보이는 터널로 만든 사람도 있다. 인생무대에서 좀 더 자신만의 목소리를 내고 싶다면, 오늘이 있기 전의 희.로.애.락 사건을 점검할 필요가 있다. 희.로.애.락 사건을 스스로 작성해 보자.

언제라는 기준으로 희.로.애.락 시기를 적어보자. 그다음은 왜 그때가 그런 상태가 되었는지 단어 또는 짧은 문장으로 적어 보면 된다. 내부마음에서 비롯된 사건일 수 있고, 외부에서 발생한 사건일 수 있다. 최종적으로 그때로 돌아가면 해야 할 것과 하지 말아야 할 생각을 적어보자.

두 분이 실제 작성한 내용을 보자.

고 석천의 희노애락 버전 0.1				
	喜 (현재)	怒(과거)	哀(깨달음)	樂(미래)
언제	아들이 제 몸을 보고 좋다 했을 때	교통사고 후, 오십견과 거북목 거의 1~2일 부항	평생 안고 가야 하는 고질병이라는 생각	어깨, 목, 허리 아프지 않는 신체나이보다 20년 젊은 나이 (2025년)
왜	어깨, 상체가 발달	업무에 대한 스트레스	한약을 먹고, 주사를 맞고 꾸준히 다녔는데도 차도가 없음	그전에 오십견은 나았고, 60일 아웃풋 동안 허리 나음
사건	푸쉬업과 운동하면서 근육에 집중	(한의원,병원)가도 그때뿐임	여동생이 1년 전에 PT를 권함	아들을 위해서라도 꾸준한 운동
교훈	아들(척추측만)에게 말 없이 자극을 주는 꾸준히 운동하는 아빠	내 몸을 내가 관리하지 않고 남에게 의지하면 평생 병원 노예가 됨	바로 하지 않았으면 지금도 그대로일 것이라 생각(좋은 것은 듣는 순간, 바로 액션)	환경셋팅과 배움 없이 본인의 지만 가지고 하면 100% 실패
절대적 교훈	**1.환경셋팅 2.바른 가르침 3.긍정적 마인드 4.독서 5.매일 해야만 하는 절대적 습관 형성 6.같이 하는 사람들**			

내 인생의 '희로애락' 버전 0.1				
	희 [喜, 기쁘다]	로 [怒, 성내다]	애 [哀, 슬프다]	락 [樂, 즐겁다]
언제	2013년 05월 11일	2013년 겨울 한 달	2016년~2022년	2020년 겨울
왜	같은 생각과 꿈을 갖고 있는 나의 동반자와 함께함	남편과 나의 기준의 차이	아이를 갖기 위한 노력이 물거품이 된 것 같은 마음 때문에	독서의 즐거움을 알게 되었다.
사건	결혼	두 집안의 문화 차이로 인해 서로 이해하지 못했던 것들이 많았다.	병원에서 난임판정을 받음	독서법 중 생각법을 알게 되고 실행으로 옮기며 변화된 나의 모습을 발견하게 되었다. [난소혹 자연제거-2024년 7월12일]
교훈	함께한다는 것, 내 편이 있다는 것에 감사함	맞춰 가고 포기하는 것 또한 결혼 생활임을 알게 됨	몸을 너무 함부로 썼다는 걸 깨닫게 됨.	나도 할 수 있다는 자신감을 얻게 됨. 읽기만 하는 독서는 소용이 없다는 것을 제대로 알게 됨

이제 편하게 나를 작성해 보자. 오늘 나는 희.노.애.락 중 어디에 있는가?

	희	로	애	락
언제				
왜				
사건				
교훈				

실제 워크숍을 한 후 느낌을 물어보았다.

"어떤 부분에 에너지를 쓰고 있었는지 보게 되고 저에게 어떤 변화가 있었는지 좀 더 명확하게 알게 되었습니다. 그동안 즐겁게 살고 싶다는 생각이 많았었는데 그 즐거움은 나의 노력에 따라온다는 것도 알게 되었습니다. 앞으로 어떻게 살아가야 할지 방향이 잡히는 것 같습니다."

작성을 통해 자신이 어떻게 살아갈지, 방향이 점검된다는 피드백을 해주었다. 작성하신 분에게 희.로.애.락 버전 0.1 작성을 해보았으니 부족한 부분과 강화할 부분을 정리할 수 있도록 조언을 했다. 이 작성을 통해 추가로 기질&성향 파악이 가능해진다. 부족한 부분에 관해 책을 읽거나, 세미나 또는 유튜브를 보면서 조금씩 보완을 할 수 있다.

인생 무대에서 희로애락 사건은 양이 적고 많음이 중요한 것이 아니다. 기록을 토대로 '과거의 나'에게서 교훈을 얻어, 미래의 나를 만드는 데 필요한 자양분을 얻자.

지금 국면이 로(怒) 화내는 구간과 애(哀) 슬픔이 가득한 구간인가? 그럼 로와 애를 이겨낸 사람들 이야기를 직 · 간접으로 만나보는 것이 중요하다. 책을 통해 위로와 힐링을 받는 북테라피 치료를 받게 되면 이겨내는 데 도움을 받을 수 있다. 로.애를 이겨낼 '씨앗도서', '씨앗멘토', '씨앗만남'을 가져보자. 아픔을 조금이라도 줄인 이후라면 희.락으로 인생 후반전 비율을 높일 수 있다. 로.애의 상황을 10%만이라도 줄여서 희.락을 늘린다면 살아가는 데 도움이 된다.

새벽 1~2시간을 활용해서 인생무대를 바꿔보자.

평범한 사람이 비범한 일을 해내는 열쇠 '탈Book' 코드

우리는 늘 미디어에 노출이 되어 있다. 그 주인공이 해내는 것을 보면서 간접적으로 우린 카타르시스를 경험한다. 종이 만화 대신 휴대폰으로 만화를 보는 것은 여전히 진행 중이다. 스포츠 경기, 드라마, 영화, 각 분야 탑들을 보면서 간접적으로 감정이입을 한다. 단순히 보고 멋지다고 머무르는 분도 있고, 팬이 되어 적극적으로 행동과 가치를 동조하는 분도 있다. 그러한 행동에는 자신을 대신해서 뭔가 이뤄낸 그들을 닮고 싶은 니즈가 있다.

평범한 사람이 갑자기 슈퍼맨이 되는 일은 없다. 오랜 시간 어려운 상황을 이겨내고, 그 명예와 부를 갖게 된다. 최근 몇 년간 공중파와 케이블 종편 방송에서 가장 인기가 많은 프로그램이 있다. 강철부대라는 프로그램은 종편에서 대박이 난 대표적인 프로그램 중 하나다. 만화 속에서나 가능했던 어느 부대가 제일 센가를 현실로 만들었다.

강철부대 이 시리즈는 1, 2, 3을 지나서 4를 기획 중이다. 왜 이런 '신드롬'이 일어날까? 평범한 사람이 지옥훈련 12주 또는 24주를 지나고 나면 몸과 정신이 다른 레벨로 올라가 있기 때문이다. 평범한 사람이 비범한 기간을 견뎌내고 명예를 얻는다. 다른 군대와 달리 여기는 모병이 아닌 지원제로 뽑는다. 훈련도 모두 합격이 목표가 아닌 떨쳐내서 집으로 돌려보내는 미션이 강하게 진행된다. 강철부대 프로그램 훈련 속에서 평범한 사람이 비범한 일을 해내는 힌트를 발견할 수 있다. 강철 자신으로 바꿀 환경 세팅을 해보는 것이 그 출발이다.

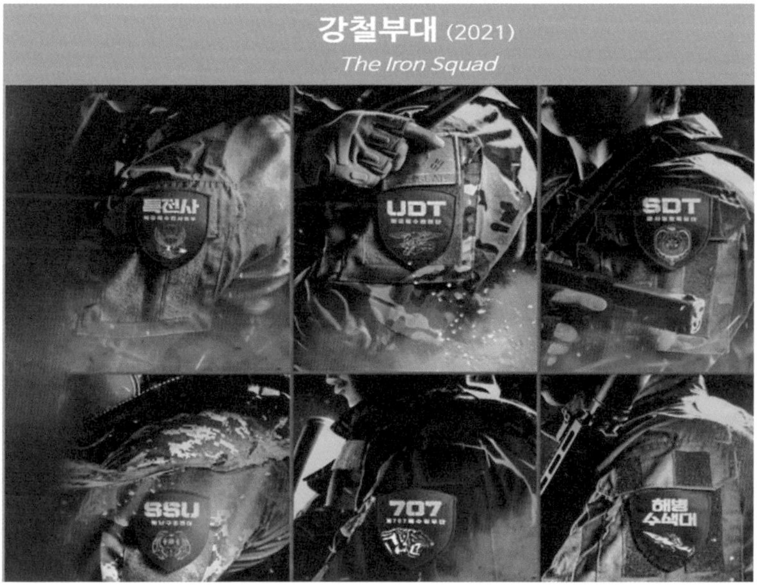

반드시 모든 특수부대는 지원을 받는다. 모병이 없다. 이것이 핵심이다. '탈Book' 코드 첫 번째 열쇠는 자발적 참여다. 다른 말로 하면 적극적 참여다. 강철부대 1, 2, 3까지 본 당신이라면 최강 자신을 만들어 볼 필요가 있지 않을까?

1년간 스스로 강력한 환경 세팅을 하는 것이 먼저다. 12주면 84일이고, 24주면 168일이다. 84일을 할지 168일을 할지 그것은 스스로 정한다. 주변 분들에게 공개선언을 하는 것이 중요하다. 에너지를 50% 사용한다고 각오를 하고 출발하는 것이 전제다. 시간은 최소 매일 1시간 이상은 필요하다. 자발성이 가진 효과는 인내와 해내고자 하는 마음의 강도를 높게 만드는 연료가 되어준다.

특수부대 지원자 중 상당수가 익스트림 스포츠를 공짜로 배우면서 관련 자격증을 취득하고 싶다는 마음으로 접수하는 사람들이다. 바깥에서는 비싼 돈을 주고 배우는데 월급을 받으면서 배우니 얼마나 좋은가? 관점이 바뀌면서 힘든 특수부대 훈련이 아닌 익스트림 스포츠 참여로 바뀐다. 자발성이 주는 엄청난 '생각점프'다. 이 책을 보고 자신만의 '탈Book' 프로젝트를 시작해 보기를 권한다.

이 책을 읽고, 읽기 전과 읽은 후의 변화를 체크하신다면 지인들 3~4명과 함께 시작해 보라. 처음에는 어렵다고 느낄지 모르나, 하겠다는 마음을 먹고 환경 세팅 후, 공개선언하면 강철 자신이 되기 위한 출사표를 던진 것이다.

'탈Book' 코드 두 번째 열쇠는 작은 실행이다. 자신이 약속한 기간에 3~7권의 선정한 책을 매일 15분 안에 읽은 후 5분 안에 실행계획을 적어보자. 즉 작은 실행 '오.여.기(오늘 여기까지 읽고 행동하기)' 미션을 한다. 이를테면 읽고 난 후 무엇을 하느냐가 핵심이다. 읽고 나서 아무 액션이 없다면 실행이 아니다. 그것은 그저 하는 척하는 행동이다. 하는 척과 실행은 완전 다르다. 이것을 구별하지 못하면 당신에게 변화는 사상누각이 된다. 즉 '지식변비'만 키우는 꼴이다.

실행과 관련된 대표적인 사자성어는 어떤 것이 있을까? 實踐躬行(실천궁행) : 실제로 몸소 이행함. 손문이 이야기한 知難行易(지난행이) : 알기는 어려워도 행동은 쉽다는 뜻으로, 도리를 알기는 어려우나 알기만 하면 이것을 실천하기는 쉽다는 의미, 空理空論(공리공론) : 실천이 따르지 아니하는, 헛된 이론이나 논의, 眼高手低(안고수저) : 눈은 높으나 솜씨는 서투르다는 뜻으로, 이상만 높고 실천이 따르지 못함을 이르는 말인데 이외로 정말 많다. 이중 탈북 두 번째 코드 '작은 실행'에 부합되는 사자성어는 안고수저(眼高手低)다. 이상만 높고, 실천하지 않으면 소용없다는 의미다. 강철 '나'로 만들고 싶다면, 탈북[Book] 프로젝트에서 제일 중요한 것은 15분 읽고 5분 안에 사소한 실행을 하는 것이다. 자신에게 발생한 문제를 가지고, 안달복달하면서 해결 시도가 중요하다. 결괏값보다 더 중요한 것은 자꾸 해보는 것이다.

여기서 다시 한번 중요한 개념이라서 오.여.기 미션의 정확한 뜻을 확인하자. 오늘 여기까지 읽고 행동하기를 줄여서 오.여.기라고 한다. 즉 오늘 중으로 최대한 빨리 실행플랜 낙서를 실행 후 인증하는 것이 중요하다. 인증은 실패 값, 안 되는 것도 포함된다. 성공했어도 인증을 하지 않으면 소용없다. 중요한 것은 꾸준히 문제에 대해서 해결하고 시도하면서 더 개선하는 자세와 행동이다. 운으로 만든 홈런보다 스스로 노력해서 만든 내야 안타가 필요하다. 좋은 선구안은 잦은 삼진으로 실력이 늘어난다. 마찬가지다. 오.여.기 미션도 성공보다는 실패가 더 비율이 높을 것이고, 성장보다는 박스권이 더 많다는 점을 잊지 말자. 매일 일정한 시간을 통해 진심으로 오.여.기 작은 실행을 하는 것이 열쇠[코드]다.

'탈Book' 세 번째 마지막 코드는 최종 아웃풋을 늘 생각하는 자세이다. 마라톤의 최종 목적지가 없다면 선수들은 참가하지 않고 뛰지 않는다. 42.195km라는 명확한 거리가 있다. 골인 지점이 있기에 출발선상에 설 수 있다. 최종 도착지에 대한 명확한 그림이 없다면 중간에 포기하거나 잘못된 길로 접어들 수 있다. 뇌는 유혹한다. "정하지 말고 편하게 하라고." 하지만 그 말 자체가 변화를 시도하는 당신을 결국 굴복시키기 위한 장치다.

아이가 평생 인지능력이 36개월이라면 아이를 가지려는 부모는 급격히 줄어든다. 25살 이후 잘 자라서 스스로 사회생활이 가능한 자녀의 아웃풋이 있기에 우린 키울 수 있다. 아이들 모두에게는 일정한 시간과 커리큘럼을 준다. 초중고 12년간 비슷한 상황에서 비슷한 시간을 보낸다. 하지만 그 끝에서 가져가는 아웃풋의 질이 다르다. 여러 가지 요인으로 공부를 잘하는 학생이 나오지만 그중 하나를 뽑는다면 최종 목적지 결과물을 더 구체적으로 알고 인내하면서 해내는 부류다.

직업의 안정성과 명예 둘 다 잡을 수 있는 의.한.치.수.약 이쪽으로 쏠림이 심하다. 특히 의대 쏠림은 과할 정도로 심하다. 한때는 자연 공대 계열에 인재가 몰렸다. 왜 이렇게 특별과 지원율이 높을까? 후진국에서 중진국, 중진국에서 선진국으로 진입하면서 많은 변화가 있다. 점점 양질의 일자리가 줄어든다. 더 정확히 말하면 안정성이 높고, 고급여가 나오면서 명예가 주어지는 일자리가 턱없이 부족하다.

들어가기 힘들지만, 미래가 평생 보장될 가능성이 있는 의사를 권하는 부모들 심정도 이해가 간다. 점점 생존에 대한 피로도와 경쟁이 높은 사회이므로 자녀들은 좀 쉽게 살아가기를 바라는 생각에서이다. 한마디로 좀 더 나은 아웃풋 환경을 누렸으면 하는 마음이다. 조금 씁쓸한 면이 있지만 부인할 수 없다. 대한민국 최고두뇌집단이 한곳으로 몰리는 점은 국가적으로 손해다. 의대를 지원하는 개인과 집안에만 돌을 던지면 안 된다. 사실 이 문제는 우리 모두의 아킬레스건이다. 젊은 학생들이 도전적으로 미래를 설계할 수 있는 토대를 만들어주지 못한 기성세대들의 전적인 책임이다. 이 책은 '사회적 담론'을 펼치는 책은 아니기에 여기서 의대 관련 이야기는 마무리를 짓도록 한다.

'탈Book' 프로젝트에서 아웃풋은 무엇일까? 먼저 사전에서의 아웃풋 뜻부터 찾아보자. 아웃풋(Output): 전기의 출력, 레코드플레이어나 녹음기를 확성기에 연결하는 장치 또는 컴퓨터 따위의 기기나 장치가 입력을 받아 일하고, 외부로 결과를 내는 일이다. 커피자판기가 있다. 500원 인풋이고, 잠시 후에 나온 커피는 아웃풋이다. 일생 생활에서 모든 일이 인풋을 한 후 아웃풋이 실제 생활에서 일어난다. 하지만 유독 아웃풋이 중간에 길을 잃거나 사라지는 경우가 있다. 정해져 있지 않는 일이다. 그렇기에 최종 아웃풋을 스스로 자주 반복해서 그리지 않으면 거기에 왜 가야 하는지 의구심이 들면서 결국 멈추는 원인을 제공한다. 힘든 상황, 슬럼프가 올 때 이겨내는 힘은 마지막 목적지의 달콤한 열매다. 명확한 열매는 갈증, 배고픔, 힘듦을 이겨내는 강력한 보호막이 된다. 그러한 아웃풋을 함께 공유하고 해야 할 멤버들을 모집해라. 혼자일 때는 힘들어도 같이할 때 그 어려움을 이겨낼 수 있다.

뒤늦게 인생을 역전하는 단 하나의 결단

개인적으로 3~5명 만드는 방식도 있지만, 이미 이것을 잘하고 있는 곳에 살짝 수저를 얹는 방법도 있다. 잘하는 곳을 이용하라. 저는 이 개념을 '살짝 발 담그기'라고 한다. 본인이 그 모임을 다 만들고 이것저것 다 책임을 지다 보면, 본질보다 비본질에 에너지를 빼앗기게 된다. 남들이 차려놓은 밥상에 살짝 젓가락, 수저를 올려놓아 보자.

주부들에게 세상에서 제일 맛있는 밥은 무엇이냐고 물으면 한결같이 '남이 해주는 밥'이라고 이야기한다. 엄마도 애들과 남편처럼 수저만 들고 싶다는 속내가 들어간 말이다. 가족분들이 한 달에 한 번 엄마와 아내에게 밥을 해줘 보자. 가정은 더욱 좋은 분위기가 된다는 데 한 표를 던진다. 남이 해준 밥상=남이 차려놓은 모임 잊지 말자. 초반에는 덤으로 살며시 담궈 보는 행동을 권해 본다. 일명 쉽게 배우는 환경 세팅을 하자. 남이 준비한 환경 세팅을 이용하면 최종목적지를 달성할 확률이 높다. 자신이 직접 만들지 않아도, 도약이 가능한 무대에 들어갈 수 있다. 평범한 사람이 비범한 사람으로 변화되는 '재능용광로' 시스템에 합류하자.

438이 새벽 '탈Book' 프로젝트하기 좋은 곳이다. 재능의 용광로 시스템이 그곳에 있다. 80분이 참여하고 있다. 100일 되는 분도 있고, 1,500일 되는 분도 있다. 그 시스템에 합류해서 도움을 받아라. 438, 538, 608은 입장하는 시간이다. 시간은 각자 상황에 맞게 입장하면 된다. 초반에는 6시 08분을 권한다. 무리하지 않게 순차적으로 하는 게 좋다. 그리고 3달 지나서 10분에서 30분 앞당긴다. 그렇게 1년을 지나게 되면, 4시 38분에 도전하는 자신을 마주하게 된다.

시간보다 더 중요한 것은 에너지를 최상의 상태로 유지하는 것이다. 피곤한데 억지로 2시간을 하는 것이 아닌, 단 30분을 하더라도 좋은 컨디션에서 집중이 더 낫다. 608, 538, 438은 모두 6시 38분에 종료가 된다. 종료 시점에 3~4분 종례 타이밍이 있다. 시작점은 다르나 끝맺는 시간은 동일하다. 비용은 연중 무료다. 그곳에서 더 구체적으로 성과를 내고 싶은 분들이 '탈Book'방(하루 커피 한 잔의 비용이 있음)에 도전하면 된다.

재능의 용광로 시스템, 일명 '38방'은 평범한 당신을 비범한 일을 해내는 당신으로 만들 좋은 환경을 지니고 있다. '38방'의 뿌리는 필자가 힘들고 어려울 때 탔던 신림역 첫차시간 5시 38분이다. 100일간 첫차를 타고 회사를 1등으로 출근해 보자. 그렇게 간절히 하면 남다른 아웃풋이 나오지 않을까 하는 마음으로 시작했다.

정말 단순했지만, 작은 행동은 안경사로 제한된 능력을 교육컨설팅할 수 있게 도움을 줬다. 그때 경험에서 만들어진 방이다. 무언가를 해도 안 되고 답답하다면 다른 환경이 필요하다. 배수진을 세팅할 필요가 있다.

처음에는 무리하지 말고 6시 08분부터 해보자. 당신의 재능을 끄집어내고, 되고 싶은 5년 뒤 10년 뒤를 위해 오늘 시작하자. 천 리 길도 한걸음부터라는 말이 있다. 그 한걸음에 여러 가지 방식이 있겠지만 단 하나의 결단을 제안해 본다. 당신만의 38방을 만들어라. 혼자서 하기 어렵다면 뜻을 같이하는 동료를 모집해서 해라. 그것이 힘들다면 38방에 함께하면 된다. 언제든지 문은 열려 있다.

'뒤늦게 인생 한방 역전을 위한 단 하나의 결단'이 무엇인지 이제 알게 되었다. 하나의 결단은 '38방 참여하기'이다. 특수부대를 들어가서 환골탈태되는 시스템이 있듯이 우리에게도 그런 환경이 필요하다. 특정한 시간, 기간, 미션 달성을 해야 한다. 38방에 들어와서 의미가 있는 첫 도미노를 세워라. 매일 그날의 도미노를 세워라. 최종 쓰러트릴 거대한 목표가 아니라도 괜찮다. 가치 있는 그날의 도미노(작은 자발적 행동)를 세우자. 60일 지나면 그 도미노 점들이 선으로 연결된다. 점이 선이 되는 경험이 다음 프로젝트에 큰 힘이 된다. 365일 미래가 성공 가능성이 희미해지는 것이 아닌, 1년 뒤 100% 된 상태를 그리면서 출발하는 능력이 습득된다. 이것이 선승관리다.

프로와 아마추어는 '선승관리 능력'에 차이가 크다. 선승관리를 익히게 되면, 평범한 사람이 비범한 일을 해내는 사이클에 들어간다.

글을 맺으며

이 책을 읽기 전 여러분의 온도는 몇 도였는가? 다 읽은 후 단 1도라도 올라갔다면 이 책을 집필한 목적을 절반은 달성한 셈이다. 나머지 절반은 여러분들 몫이다. 자신의 의지력을 탓하지 말고, '탈Book' 코드 4단계를 21일만 해보라. 토마스 헨리 헉슬러경은 "인생에 있어서 가장 위대한 목표는 지식이 아니라 행동이다"라는 말을 남기고 떠났다.

지식이 아닌 행동에 달려 있다는 그의 말을 전하며 이 책을 맺는다.